财务越简单越好 1

管好财务，做对决策

陈冠声◎著

SPM
南方出版传媒
广东经济出版社
·广州·

图书在版编目（CIP）数据

财务越简单越好. 1，管好财务，做对决策/陈冠声著. 一广州：广东经济出版社，2017. 11

ISBN 978-7-5454-5826-8

Ⅰ. ①财… Ⅱ. ①陈… Ⅲ. ①企业管理一财务管理 Ⅳ. ①F275

中国版本图书馆CIP数据核字（2017）第243032号

出 版 人：姚丹林
责任编辑：易 伦 甘雪峰
责任技编：许伟斌
装帧设计：李 尘

财务越简单越好.1 管好财务，做对决策
CAIWUYUEJIANDANYUEHAO 1 GUANHAOCAIWU ZUODUIJUECE

出版发行	广东经济出版社（广州市环市东路水荫路11号11~12楼）
经销	全国新华书店
印刷	北京盛兰兄弟印刷装订有限公司（北京市大兴区黄鹅路西临89号）
开本	710毫米×1000毫米 1/16
印张	16. 25
字数	197 000
版次	2017年11月第1版
印次	2017年11月第1次
书号	ISBN 978-7-5454-5826-8
定价	48. 00元

如发现印装质量问题，影响阅读，请与承印厂联系调换。
广东经济出版社常年法律顾问：何剑桥律师

前 言

F I N A N C E

记得某位西门子全球人事副总裁曾经说过这样的话："我们西门子这么大的公司能凝聚在一起，它的凝聚力主要有两个原因，一是金钱，一是人力管理。"

的确，金钱就是财务，管理就是管人，这两者结合在一起，就是财务管理。做好财务管理，公司就有了凝聚力、竞争力和发展潜力。

如何做好财务管理呢？首先要懂财务。只有懂财务，才能做出正确决策，消除隐患和风险，为企业发展保驾护航。

2000 年 9 月，阿里巴巴在"互联网冬天"的那段时间，遭遇空前危机。9 月底，马云宣布阿里巴巴进入 6 个月的紧急状态。"未来半年是非常严峻的半年，随时做好加班准备。"到 2001 年 1 月，阿里巴巴的账面上只剩能维持半年多的 700 万美元。更可怕的是，当时的阿里巴巴并没有找到赚钱的办法。而且，在阿里巴巴的资金链即将断裂时，所有的风险投资商都不愿再掏一分钱了。

为了挺过这个冬天，马云做出决策，内部采取裁员、整风、培训等诸多措施，外部再寻求投资商的支持。终于，经过大家的努力，阿里巴巴的财务重新健康地运转起来，公司也得以恢复生机。

懂财务，才能做好管理决策，才能及时发现和解决企业潜在的风险，让企业健康良好地运转。反之，如果不懂财务，正确决策无从谈起，甚至可能直接导致经营失败和企业破产。

巨人集团从1989年借款4000元做起，经营领域从计算机软件系列产品，到房地产、生物工程，营业面迅速扩展，资本迅速扩张。

1992年7月，史玉柱把巨人集团的总部搬到注册地珠海，准备盖一幢18层的办公楼。然而，之后的楼层设计不断加码，从18层增至78层，欲建成国内第一高楼。初步测算，巨人需投入12亿元才能完成这项工程。

1996年，巨人大厦建设资金告急。次年年初，巨人大厦因资金链断裂未能按期完工，只建至地面三层的巨人大厦停工。随后，巨人集团爆发财务危机，史玉柱也从公众视野里消失了……

财务如此重要，如何才能弄懂它？其实弄懂财务并不难。

财务不是晦涩深奥的报表，不是枯燥乏味的数字，那一组组数字、一单单凭证、一部部账本背后，体现的都是企业的经济业务活动。如果从这些业务活动出发，反过来再看各种财务报告，分析各种财务问题，就会轻松很多，做出的决策也会有根有据又有效。

企业管理中涉及的财务不外乎以下这些方面：财务规划、财务报表、资产管理、账款催收、库存管理、成本控制、薪酬管理、融资投资等。本书从以上这些财务管理点出发，站在企业管理者的视角，把这些问题一一做了说明讲解。管理者如果搞清楚了这些问题，财务问题、企业决策问题，都能够很好地得到解决。

洛克菲勒曾说：“并不是每一个对数字敏感的人都会成为优秀的老板，但是，优秀的老板会牢牢把握企业的数字。相反，使企业倒闭的经营者几乎都是数字盲。”可见，企业领导者不和数字打交道，不搞懂财务问题，是很难经营好企业的。

|目 录|

F I N A N C E

|第三章| 资产管理：推动产业平衡布局

|第四章| 账款催收：为发展注入“活水”

|第五章| 库存清仓：产品卖出去才能盈利

|第六章| 成本把控：省钱就是赚钱

|第七章| 薪酬激励：士气高昂才能打胜仗

|第八章| 理性融资：谨慎选择“绿色通道”

|第一章|

F I N A N C E

财务规划 制定领导战略

为了保障企业正常运转，并完成盈利和创造效益的目标，企业管理者必须十分重视企业的发展战略规划，尤其是财务规划。

财务规划作为企业管理的核心，除了要求企业管理者准确把握经济环境，抓住商机，准确投资外，还需要合理安排资金，做好财务预算。财务管理的好坏，直接关系到企业的生死存亡。

财务是管理的根本

为什么说财务是管理的根本？我们先来看一个小例子。

刘邦说过：若论运筹帷幄，决胜千里之外，我不如张良；若论镇守国家，安抚百姓，供给粮饷，不绝粮道，我不如萧何；若论集结百万雄兵，战无不胜，攻无不克，我不如韩信。这三个人都是人中豪杰，我能任用他们，这就是我得天下的原因。

而这三人中，刘邦又将萧何列在首位，尊为第一功臣。为何？一方面，固然与萧何发现引荐其他二人有关，另一方面，则与萧何对国家内政的管理，对战争时期经济、粮饷、粮道的经营管理是分不开的。

古时打仗要有经济做支撑，要有钱财和粮食做保障；而现代企业管人管事，同样需要钱财。总之，各种管理工作都需要钱财来做基础。这就说明，无论古今，无论何种组织，无论什么样的企业，对他们而言，财务管理都是十分重要的工作。

毫不夸张地说，财务是管理的根本，它主要体现在以下两个方面。

1. 管理的目的是创造高效益，是务“财”

效益就是经济，就是利润，就是有财可务，这是管理的最根本目标。

管理是为了实现某种目的而进行的决策、计划、组织、指导、实施、控制的过程。管理的目的是效率和效益，是要让工作有效率且良性循环地完成。

管理的关键和最终目的，如图 1–1 所示。

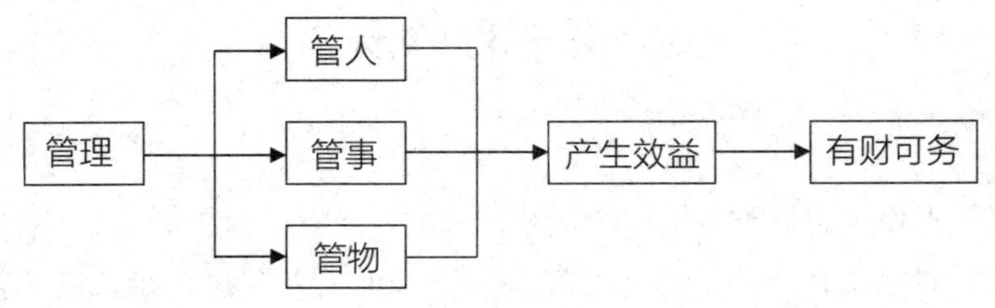

图 1–1 管理效率示意图

管理是由“管”和“理”组成的，“理”是规则、制度，“管”是监督，促使规则和制度运行。简单说，管理就是制定规则，教导、强制人们按照规则行事，并形成习惯性机制。

这里再举一个古代的例子。

商鞅向秦王建议：一个国家要富强，必须注重农业，奖励将士，还必须有赏有罚。有赏有罚，朝廷才能有威信，改革也将容易进行。

商鞅起草了一个改革法令，担心老百姓不按照新法去做，就先派人在都城的南门竖了一根三丈高的木头，并下令说：“谁能把这根木头扛到北门去，就赏十两金子。”

南门口聚集了很多人，大家议论纷纷。有人说：“这根木头谁都拿得动，哪儿用得着十两赏金？”又有人说：“这大概是左庶长（即商鞅）成心跟咱们开玩笑吧。”大家你看着我，我看着你，就是没有一个敢上去扛木头的。

商鞅知道老百姓还不相信他，就把赏金提到五十两。没想到赏金越高，看热闹的人越觉得不近情理，仍旧没人敢去扛。

正在大家议论纷纷的时候，人群中有一个人站出来，说："我来试试。"他把木头扛起来就走，一直扛到北门。

商鞅立刻派人赏给扛木头的人五十两金子。

这件事立即传了开去，轰动了秦国。

商鞅知道，他的命令已经起了作用，于是就把新法令公布了出去。新法赏罚分明，令人信服。秦国自商鞅变法后，农业生产增加了，军事力量也强大了，整体国力有了很大的增强。

这就是历史上著名的"南门立木"的故事，是一个典型的管理案例。管理的本质是协调。合理的制度和规则制定出来，并教导、协调人们去执行，才能产生卓越的管理成效。

2. 管理的重点是财务

财务工作是所有管理工作的核心，是管理的根本。

财务，不仅是国民经济各部门、各企业资金运转过程中所体现的经济关系，更主要的是财产和债务，即资产和负债等。无论何种组织和企业，都会涉及财务工作。

一个公司或组织的财务政策和制度，是其整个战略方针和经营风格的体现。有什么样的公司组织，就会有什么样的财务政策。但无论政策如何，他们的一个共同点就是：都将财务工作视为管理的重点。

的确，财务直接关系到钱袋子，其重要性不言而喻。但在现实中，很多企业并没有把财务工作真正重视起来，而只是在形式上比较关注而已。

我们在很多企业里都能发现一种现象：在他们的财务办公室门外，会挂着一个"财务重地、闲人免进"之类的牌子。为什么会挂这样的牌子呢？太别扭了。一是视来访者为"闲人"，有拒人于千里之外的感觉；二是过度夸大了财务的重要性，意思是只有财务这里是重地，慎进，其他的部门则没有那么重要了。

这是管理的误区，并没有真正理解财务管理的核心。

财务描述的是管理者对于商业活动的认识，事关全局，牵一发而动全身，是所有管理工作的核心，是管理的根本，而不是上面这种流于表面和形式的假重视。如何突破这种认识局限和误区呢？这就需要管理者自己从外到内，从点到面，加深对财务工作的理解和认知。

企业的首要职责是财务管理

什么是财务管理？很多企业老板的理解很简单，就是管账、管钱。这个说法对不对？我认为是对的，但比较笼统，不够具体，让人看着云里雾里，不知从何下手。

财务管理，是在一定的整体目标下，关于资产的购置（投资），资本的融通（筹资）和经营中现金流量（营运资金），以及利润分配的管理。

财务管理是企业管理的一个组成部分，它是根据财经法规制度，按照财务管理的原则，组织企业财务活动，处理财务关系的一项经济管理工作。

简单说，财务管理就是组织企业财务活动、处理财务关系的一项重要经济管理工作，它是企业经营管理的首要职责。

巨人集团创始人史玉柱，在商界摸爬滚打，几经沉浮，创造过不少商业奇迹，也经历过不少失败，甚至是惨败。

巨人集团从1989年借款4000元做起，经营领域从计算机软件系列产品，到房地产、生物工程，营业面迅速扩展，资本迅速扩张。

1992年7月，史玉柱把巨人集团的总部搬到注册地珠海，准备盖一幢18层的办公楼。然而，之后楼层设计不断加码，从18层增至78层，欲建成国内第一高楼。初步测算，巨人需投入12亿元才能完成这项工程。

1996年，巨人大厦建设资金告急。次年年初，巨人大厦因资金链断裂未能按期完工，只建至地面三层的巨人大厦停工。随后，巨人集团的财务危机爆发，史玉柱也从公众视野里消失了。

作为商界传奇人物，史玉柱没有就此沉沦，而是蓄势再发。2000年，史玉柱再度创业，销售脑白金。随着银行股的成功投资，巨人资金迅速得以补充，继而向网络游戏领域进军。2007年，旗下巨人网络集团有限公司成功登陆美国纽约证券交易所，总市值达到42亿美元，融资额为10.45亿美元，成为当时在美国发行规模最大的中国民营企业，史玉柱的身价突破500亿元。

从4000元起家，短短5年位居福布斯“大陆富豪排行榜”第八位，再到顷刻间财富灰飞烟灭，沦落为“中国首负”；几年后卷土重来，还清巨债，再一次身家过亿，胜过当年鼎盛时期，史玉柱的经历堪称传奇。

今天，经过大起大落的史玉柱，给自己确定了几条投资原则：不熟悉行业不投资、资金不充足不投资、人才不够不投资。目前，史玉柱成为华夏银行和民生银行的股东。对于10年前经历的风雨，史玉柱感言：“10年前的民营企业，到现在还活着的不到20%。问题主要来自财务危机，特别是投资失误导致的资金紧张，以致最后的资金链断裂。”

从史玉柱的案例可以看出，财务管理对一个企业来说，是多么重要，它直接关系到企业的兴衰存亡。企业要想在竞争中求得生存、获得发展，就必须重视企业各个环节的管理，特别是财务管理。只有这样，企业才能在市场中立足，才能以尽量少的投入获得大的收益。

1. 财务管理是企业管理的中枢

企业的生产、经营、采购、销售、库存，每一个环节都离不开财务的反映和调控，企业的经济核算、财务监督，更是对企业经济活动的有效制约和监督。

财务管理的这种中枢地位，可以通过图 1–2 直观地反映出来。

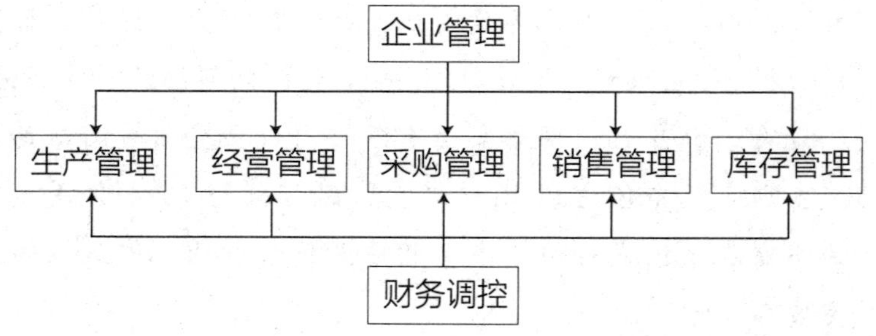

图 1–2 财务中枢示意图

2. 财务管理是企业与外部交往的桥梁

财务管理通过会计核算，对原始数据进行收集、传递、分类、登记、归纳、总结、储存，将其处理成有用的经济管理信息；然后开展财务分析，对企业财务活动的过程和结果进行评价和分析，并对未来财务活动及其结果做出预测。

通过这一系列财务管理环节，使企业能够向外界提供准确、真实的信息，从而有助于国家宏观调控，使投资人进行合理投资，银行做出信贷决策，以及税务机关依法征税。

3. 通过财务管理可以找出企业问题的根源

财务部门通过对财务指标的经常性计算、预测、整理、分析，能够肯定企业生产经营所取得的成绩，同时也能够发现经营管理中存在的问题，并帮助寻找原因，提出改进措施，进而促进企业经济效益的不断提高。

总之，随着市场经济体制的建立，财务工作在企业管理中占有越来越重要的地位。我们必须坚持一手抓生产管理，一手抓财务管理，既要向生产要效益，也要向管理要效益，因为管理也是生产力。要知道，财务管理与企业经济效益有着十分密切的联系。

企业家经常陷入的“经营怪圈”

我从商这么多年以来，发现一件特别有趣的事，那就是企业家经常会陷入一个怪圈。究竟是什么样的怪圈呢？我把它总结为“产品—人才—效益”的怪圈。如果你跟企业老板们经常接触，就会发现他们之中有很多人动不动就抱怨，说些什么“现在产品不好做呀”“招人太困难了”“干实业不赚钱”之类的话，这些事情听起来仿佛是孤立的，其实他们讲的是一件事，就是企业经营的怪圈。

老板们习惯于认为，手下没有人才，所以产品做得不好；产品做得不好，所以效益跟不上。这些问题是普遍存在的，尤其是中小企业，经济形势好的时候，一切都顺风顺水，这些问题表现得还不是很明显，一旦遇到形势不好了，就会掉进这个怪圈，怎么也走不出来。2008 年以来，我国的经济形势已经发生了一些微妙的变化，最近几年表现得十分明显，有些人提前察觉到了问题所在，及时解决了，企业还能继续维持下去。还有很多人根本就没有发现这个问题，甚至连经济形势的变化都没有看见，还在盲目地扩张，结果被经济大潮一浪拍死在沙滩上。

只有找到问题产生的根源，我们才能想出更好的办法来解决问题。关于“经营怪圈”的问题，企业的领导者应该这样来看待。

1. 企业里没有人才？实际：把人才用成“废才”

许多老板的脑子里有一个幻觉，总觉得别人的企业里都是人才，随便找一个扫地的都是高学历，再回头看看自己这边，清一色的专科和三本学生，于是觉得企业发展不好，都是底下的这群笨蛋导致的。

在这里我要不客气地批评一句，有这种想法的才真正是笨蛋。人的能力固然有差距，但作为一个企业家，要做的不是拿人才进行比较，而是尽量网罗人才，同时让他们各施己长，人尽其才。古人说得好：“若录长补短，则天下无不用之人；贵短舍长，则天下无不弃之士。”大意是说，如果能取长补短，那么天下的人都可以用；如果苛求短处，放弃长处，那么天下就没有人才。

任何一个员工进入企业，都希望能学到更多东西，所以我们企业要时常对员工进行培训，因为这对员工、对企业都有好处。有的老板用人，只看员工会什么，不看他们的潜力，一个有潜力做组长的，却一直叫他打螺钉，不给他任何成长的机会，最后他就只会打螺钉了。如此用人，就算是个人才，也会被用成“废才”。

2. 产品没有市场？实际：战略上出了问题

你的产品卖得不好，不一定是产品的问题，很有可能是战略上出了问题。如今，“互联网+”绝不是一句空话，有很多企业的转型非常成功，随便推出一款产品，都能赚足吆喝。但还有很多企业家还是老一套的思维模式，没有真正理解互联网的力量，在这种情况下，就算产品做得再好，市场上蛋糕再大，也难免要被别人抢走。

3. 企业效益下降？实际：管理上出了问题

要知道，企业效益下降，绝对跟管理脱不了干系，你不能把企业看成是一个个组装起来的机器人，而是要把它看成是一个有血有肉、会呼吸的活生生的人，企业也是有感觉的。火灾出现的时候，总会有人提前发现苗头，如果你的企业管理有效，就足以发现这个苗头，只管拿灭火器灭火就好了，轻轻松松。我们的企业家就像古时候的皇帝，什么都要管，感觉天天累得不行，效果还不好，其实这就是不懂管理。

管理不力，一般主要表现在以下三个方面，如图 1–3 所示。

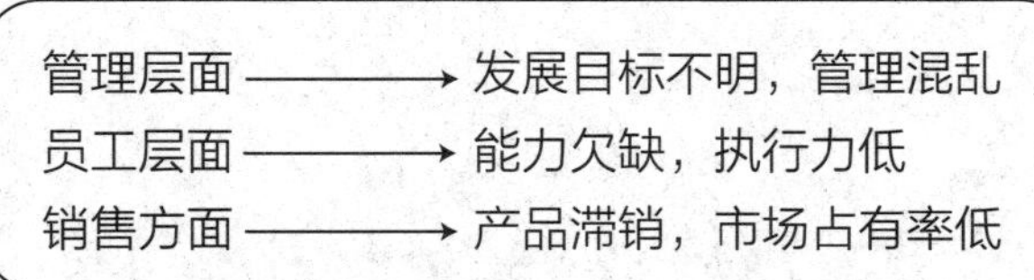

图 1–3 管理混乱的三个方面

企业最需要的是明确的发展目标，知道以后路该怎么走，朝什么方向走。在管理上出现问题，从某种程度上来说，也是因此而造成的。有的企业家自己都不知道路该往哪里走，该怎么走，又怎么能够指挥手下人呢？

事实上，导致企业经营不善，最根本的原因还是在财务上。说得更直接一点，就是企业的领导者忽略了财务管理，或者干脆不懂财务管理。

财务主导企业三个关键的发展战略，如下图 1–4 所示。

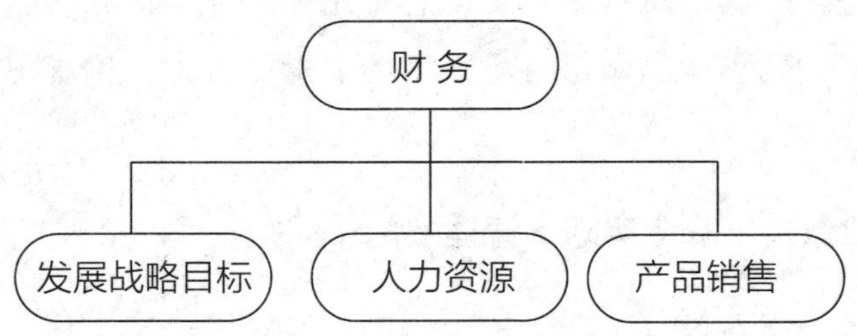

图 1–4 财务主导企业的三大关键战略

企业的战略、人力资源的配置，以及员工的执行力，还有产品的宣传、推广和销售，都是由财务状况决定的。不懂财务管理，各方面的均衡就会被打破，企业就会头重脚轻，容易摔跟头。如果企业家深谙财务管理之道，那么上面的问题就都可以迎刃而解。就拿战略目标来说，企业家真的不知道要怎么发展吗？未必。可是为什么员工还是会抱怨老板“一会儿一个主意”呢？其实很多时候就是缺钱，也就是财务出问题了，不得不朝令夕改。

企业发展规划 vs. 企业财务目标

很多企业管理者都不明白，财务究竟该如何规划，如何制定战略目标，如何通过这些来进行管理，来进行决策？这些问题常常困扰着很多企业管理者。

其实，财务规划和企业发展规划是相辅相成的，财务目标与企业决策也是息息相关的。我们先来看看企业的发展规划。

1. 企业发展规划

任何一个企业想要立于不败之地，首先要明确自身的发展重点，从而制定出可实施性强的企业发展规划。

企业发展规划是设立远景目标并对现实目标的轨迹进行的总体性、指导性谋划，属宏观管理范畴，具有指导性、全局性、长远性、竞争性、系统性和风险性六大主要特征。企业发展规划是对企业各种战略的统称。

从竞争的角度看，企业发展规划对于企业有以下重要意义。

（1）优化资源配置。由于企业明确了未来各个阶段的工作重点和资源需求，从而使组织结构设计和资源整合更具有目的性和原则性，进而可以保持组织机构与战略的匹配性，可以更好地优化资源，有利于实现资源价值最大化。

（2）明确目标，提高效率。由于企业明确了未来一定时期内各城市、各业务单元的职能战略，从而使各职能部门、各项目组织都能够清楚地了解自己该做什么，进而可以激励他们积极主动地完成目标任务。

（3）提升竞争力。由于企业明确了企业的利益相关者、竞争者和自身的优势、劣势、机会、威胁，从而使企业可以从容地应对机遇的诱惑和市场变化，有利于企业改进决策方法，提高风险控制能力和市场应变能力，进而有利于提升企业的持久竞争力。

（4）增强凝聚力和向心力。由于企业确定了未来一定时期内的战略目标，这可以使企业的各级人员都能够知晓企业的共同目标，进而可以增强企业的凝聚力和向心力。

企业发展规划是企业的发展纲领和发展路线，它的目标是使企业得到更好的生存和发展，获得更大的效益。这些目标也可以用一个具体的财务目标来表达。而企业的财务目标，包含在企业发展规划当中，是企业众多发展规划中的一部分。

2. 企业财务目标

企业发展规划与企业财务目标是相辅相成、密不可分的。企业的发展规划要以财务目标为主导，财务目标又要符合企业的发展规划。两者之间的关系如图 1–5 所示。

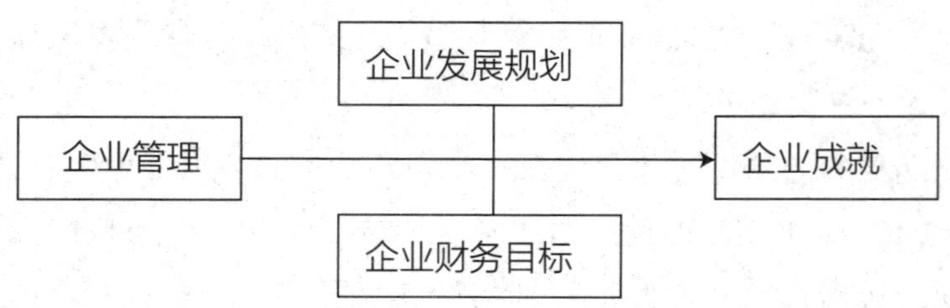

图 1–5　企业发展规划与企业财务目标的关系

伴随着企业发展的不同阶段，企业财务管理的目标通常要经历以下三个主要阶段。

第一阶段，利润最大化。利润最大化是早期的一种企业理财目标。该目标的核心是以利润的绝对额是否增长作为企业财务管理决策的依据，其理由如下：

（1）企业是以盈利为目的的，利润最大化目标符合企业的经济本质。

（2）企业利润代表了企业新创造的物质财富，企业实现了利润最大化，社会财富也实现了最大化，会带来社会的进步与发展。

（3）利润最大化有利于企业提高竞争能力，利润越多，企业可用资本越多，也就越有发展能力。

第二阶段，股东财富最大化。股东财富最大化是指通过财务上的合理经营，为股东带来最多的财富。企业主要是由股东出资形成的，股东创办企业的目的是扩大财富，他们是企业的所有者，理所当然地，企业的发展应该追求股东财富最大化。

在股份制经济条件下，股东财富由其所拥有的股票数量和股票市场价格两方面决定，在股票数量一定的前提下，当股票价格达到最高时，则股东财富也达到最大。所以，股东财富又可以表现为股票价格最大化。

第三阶段，企业价值最大化。企业价值最大化是指通过企业财务上的合理经营，采用最优的财务政策，充分考虑资金的时间价值和风险与报酬的关系，在保证企业长期稳定发展的基础上，使企业总价值达到最大。其基本思想是将企业长期稳定发展摆在首位，强调在企业价值增长中满足各方利益关系。

以企业价值最大化作为企业的财务管理目标有如下优点：

（1）考虑了取得现金性收益的时间因素，并用货币时间价值的原理进行科学的计量，反映了企业潜在或预期的获利能力，从而考虑了资金的时间价值和风险问题，有利于统筹安排长短规划、合理选择投资方案、有效筹措资金、合理制定股利政策，等等。

（2）能克服企业在追求利润上的短期行为。因为不仅过去和目前的利润会影响企业的价值，而且预期未来现金性利润的多少对企业价值的影响更大。

（3）考虑了风险与报酬之间的联系，能有效地克服企业财务管理人员不顾风险的大小，只片面追求利润的错误倾向。

综上所述，企业在确定财务目标时，要根据自身具体情况进行选择，一般来说，小型企业受管理能力所限，更多选择以利润提升为财务管理目标，一些具有一定规模的股份公司会更多地选择股东利润最大化，对一些具有较大规模和较好管理条件的上市公司而言，公司价值最大化应该成为其追求的目标。

总之，企业的发展规划要以财务目标为主导方向，反过来，财务目标又要符合企业的发展规划，两者相辅相成，密不可分。

加强财务管理工作

企业中经常会有这样一些现象：很多管理者都知道财务管理的重要性，也都对企业的发展规划制定了战略目标，甚至对财务目标也做出了具体要求，但就是不知如何着手。

其实，这个问题并不难解决。财务管理因企业规模、企业性质不同而各有差异；财务机构的设置、人员配备、机构内部岗位设置也不尽相同，但从企业财务管理的特点和职能的共性来看，加强财务管理不外乎以下四个方面，如图 1-6 所示。

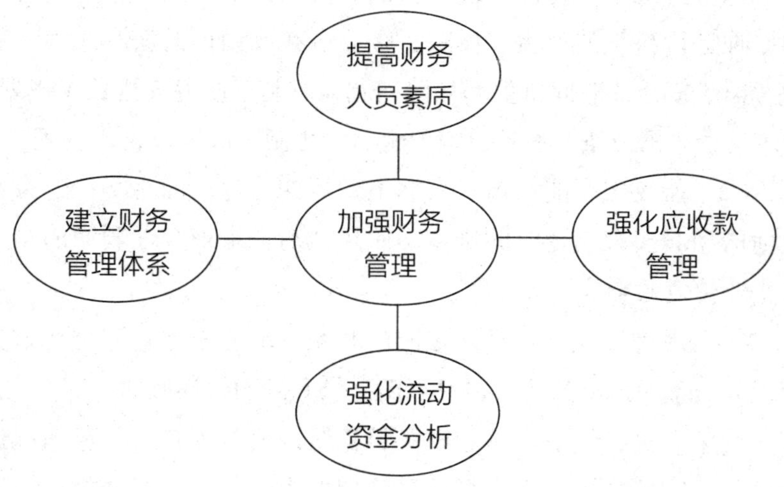

图 1-6 财务管理四要素

1. 提高财务管理团队的学习能力

财务人员既要有深厚的经济理论和财务理论基础，又要有良好的现代数学、法学理论基础。面对知识经济的快速更新，经济、金融活动的国际化，企业财务人员要能从经济、社会、法律、技术等多角度进行分析并制定与之相适应的财务策略。为了很好地完成这一工作，企业要为财务人员提高自身素质提供机会，这就要求企业必须加强财务人员的后续教育培训，定期组织相关的学习活动。同时，企业还要建立相关的财务人员岗位职责，强化财务人员的自律意识，做到人定岗、岗定责、责联利。

2. 建立健全以财务管理为中心的管理体系

企业财务管理要服务和服从于企业生产经营的需要，一切以有利于改善和提高企业的工作效率及经济效益为目的。要建立健全与财务信息相结合的电算化管理，将企业的生产情况通过财务的形式及时、客观地反映出来，并做深入分析，寻找企业经营管理中的薄弱环节，提出改进措施，提高效益，加强成本管理，以更低的成本获取更高的效益。

3. 加强企业流动资金分析

预测流动资金的多少对企业发展具有重要作用。流动资金的多少代表企业的流动地位，流动资金越多，表示流动资产越多，企业的短期偿债能力因此增强，信用地位因此提高，在资金市场中也较容易筹到资金，成本也较低。

因此，企业应加强流动资金的分析预测，实时掌握企业流动资金的流入和流出，确保企业有足够的支付能力和偿还债务的能力。管理者应将流动资金的管理作为企业财务管理的日常工作来抓，将其贯穿于企业财务管理的各个环节。

4. 强化资金和应收账款管理，加强财务控制

（1）提高资金的营运效率，形成合理的资金结构，确定合理的负债比例，使资金应用得到最佳效果。在改善资金结构的同时

要维持一定的付现能力，以保证日常资金运用的周转灵活，预防市场波动和贷款困难，确定最佳现金持有量。

（2）加强应收账款的管理。应收账款发生后，企业要采取各种措施，尽量按期收回款项，否则会因拖欠时间过长而发生坏账，使企业蒙受损失。

（3）加强财产控制。建立健全财产物资管理的内部控制制度，在物资采购、领用及样品管理上建立规范的操作程序，堵住漏洞，维护安全。

（4）全面推行资金预算管理制度。为了发挥财务管理中资金管理功能的核心作用，企业应该全面推行资金预算管理制度，严格控制企业产品生产之前，以及生产过程之中的资金流动，严格执行预算的要求，保证资金有序流动，使企业有限的资金发挥最大的价值。

总之，财务管理对企业的经济效益具有重要而深远的影响。企业要牢固树立财务管理的理念，重视财务管理的资金管理功能、成本控制功能、管理监督功能，使企业在控制产品成本的基础上，在良好的管理监督体系的保障下，不断发展壮大，从而提高企业的经济效益。

有效控制财务成本

财务成本控制是指企业在运行过程中，通过科学的成本评估手段，对公司项目的成本运用情况进行实时监控，避免成本的浪费和过量使用，从而确保公司经济利益最大化。

在市场经济条件下，企业间的竞争越来越激烈，为了摆脱困境，获得更好的发展，企业财务部门必须做好财务成本的管控。

1. 控制财务成本的作用

（1）全面监控企业的发展趋势。财务成本控制作为对企业进行管理的成本评估体系，能对企业每个阶段的财务成本情况进行有效把控，并对其发展过程进行全面监控，使得企业的发展趋势得以实时呈现。

如果企业某个环节的财务成本情况出现了偏差，则相应的部门管理出现的问题就能直接反映出来，便于企业对该环节进行及时调整，保证企业运转的安全性和有效性。

（2）定期反映企业的管理状况。财务成本控制在企业管理中的应用为阶段性和时段性的，不仅能够对项目管理的成本状况进行有效管控，还能够定期反映项目管理的实际状况。

财务成本控制定期反映企业各部门不同管理阶段的状况。企业的项目管理在运行中能够以财务成本控制反映的情况为依据，在项目的协调和组织上进一步优化，使得其运行过程更具方向性和有序性，从而使管理过程具备了有效的参考依据。

（3）为企业管理提供定性和定量分析。财务成本控制能够为企业管理提供定性和定量分析。定性分析表现为企业管理的财务成本控制能够在国家的财经制度下正常进行，且其相关财务成本支出均符合相关规定，不致违反相关条例造成项目出现违规而被迫停止。定量分析表现为企业的财务活动拥有明确的量的限制，为不同阶段的管理工作提供成本定量，使其在定量范围内确保正常进度，避免失控，从而出现偏差。

2. 控制财务成本的要点

（1）加强成本费用的管理、控制工作。企业的成本水平对企业的发展有重要的战略意义，它决定着企业竞争力的大小，以及产品盈利的多少。所以，企业要控制成本，节约费用，降低材料消耗。

财务成本的控制流程如下图 1–7 所示。

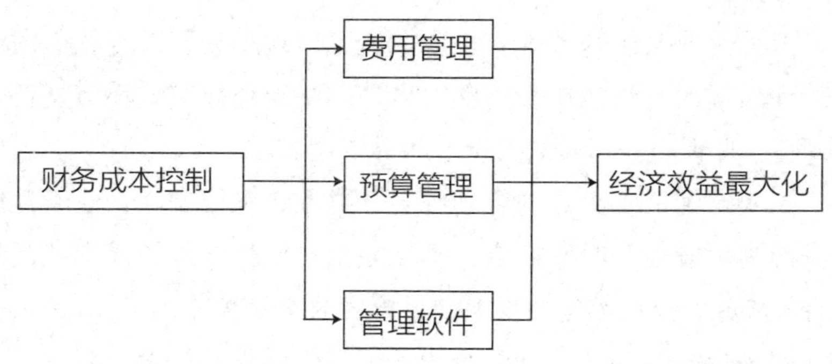

图 1–7　财务成本控制流程

财务部门要做的是充分发挥自身的优势，运用量本利分析法，合理测定成本、利润的产销量，减少无效或低效劳动；还要努力改变现行产品成本出现浪费后再控制的做法，以及只注重在生产过程中抓成本控制的行为。

企业要从产品的设计、论证抓起，把技术进步、成本控制和经济效益有机地结合起来，把成本浪费消灭在产品的“源头”，实现财务部门抓成本管理的事前参与和超前控制。

（2）认真编制和执行财务预算，实现财务管理预算化。企业的财务预算由销售、生产、现金流等各个单项预算构成。财务部门的理财需要适应市场经济的需要，按照要求编制并执行财务预算。

财务预算应以企业的目标利润为预算目标，以企业的销售前景为预算的编制基础，应综合考虑市场和企业的生产营销等诸多因素，还应涵盖企业的主要发展指标。

（3）利用信息化手段，使用专业的成本管理软件。通过使用专业的成本费用管理软件代替复杂的手工核算，能够轻松实现财务集中管控，使得数据集中、管理集中，基础数据准确，报表的时效性有保障。同时，使用专业的成本费用管理软件还能加强费用预算管理，提高整个公司的财务管控能力、风险控制能力、绩效控制能力，以及整体运营效率。

随着我国经济发展速度的不断加快，市场竞争日趋激烈，企业不得不采取各种创新管理手段，力争实现企业经济效益最大化。而财务成本控制在企业管理中起着十分重要的作用，应受到企业领导者和管理层的充分重视。

2

|第二章|

F I N A N C E

财务报表
企业财富的“晴雨表”

洛克菲勒曾说："并不是每一个对数字敏感的人都会成为优秀的老板，但每一个优秀的老板，都会牢牢把握企业的数字。那些使企业倒闭的经营者，几乎都是数字盲。"

财务报表是企业数字信息的海洋，会看财务报表的企业领导，往往能正确认识到企业的偿债能力、资产管理能力、盈利能力、获取现金能力等，从而有利于做出正确的管理决策。

看懂财务报表是企业家的必修课

财务报表是以会计准则为规范编制的，向企业所有者、债权人、政府及其他有关各方及社会公众等外部反映会计主体财务状况和经营状况的会计报表。它包括资产负债表、损益表、现金流量表或财务状况变动表、附表和附注。

财务报表是财务报告的主要组成部分，它所提供的财务信息具有重要作用，这主要体现在以下几个方面。

（1）有利于投资者、债权人和其他有关各方掌握企业的财务状况、经营成果和现金流量情况，进而分析企业的盈利能力、偿债能力、投资收益、发展前景等，为他们投资、贷款和贸易提供决策依据。

（2）有利于满足财政、税务、工商、审计等部门监督企业经营管理。通过财务报表可以检查、监督各企业是否遵守国家的各项法律、法规和制度，有无偷税漏税的行为。

（3）有利于国家经济管理部门了解国民经济的运行状况。通过对各企业提供的财务报表资料进行汇总和分析，了解和掌握各行业、各地区的经济发展情况，以便宏观调控经济运行，优化资源配置，保证国民经济稳定持续发展。

（4）全面系统地揭示企业一定时期的财务状况、经营成果和现金流量，有利于经营管理人员了解本企业各项任务指标的完成情况，评价管理人员的经营业绩，以便及时发现问题，调整经营方向，制定措施，改善经营管理水平，提高经济效益，为经济预测和决策提供依据。

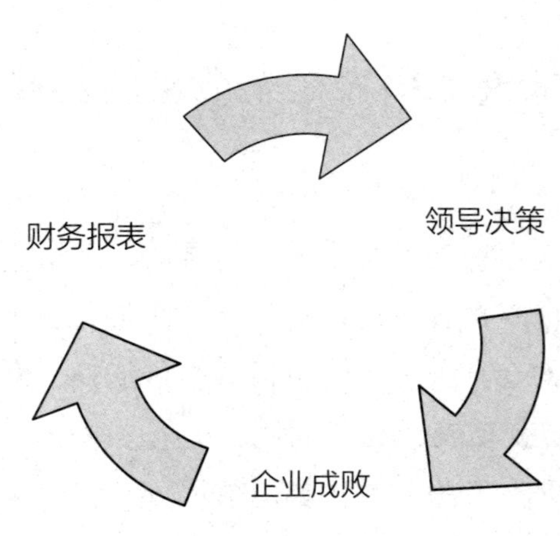

图 2–1 财务对企业的影响

财务报表直接影响到领导决策，最终会对企业的经营产生影响，三者之间的关系如图 2–1 所示。

美国 AV 公司长期经营钢制民用门，随着销售的日益扩大，拟在中国投资建厂以降低成本，通过联系找到南昌 FD 门业公司，双方商定共同出资 200 万美元（中方出资 50 万美元，外方出资 150 万美元）成立合资公司，产品全部用于出口欧美市场。

中方为表诚意，提出将自己拥有的位于郊区的、从事国内门业生产和销售的 H 公司无偿赠送给未来的合资公司，并提出中国国内门业市场巨大，进一步开拓国内市场或能成为公司未来利润的另一个增长点。H 公司有着十多年的经营历史，有自己的销售网络，拥有房产和土地等资产，生产的国内门品牌在当地具有一定的市场知名度，未来发展潜力应不错。

假如你是AV公司的总经理，你觉得这个建议怎样呢？乍一听上去，既能开辟另一块业务，也无须进行额外的固定资产投资。你一定认为这是天上掉下来的馅饼吧！

但是，美国AV公司的财务顾问提出，需要对H公司的财务状况进行审查。H公司的财务报表显示，房产和土地等按市场价值计算后，公司资产总额为5000万元，其中应收账款2000万元，估计坏账率为60%；负债为7500万元，所有者权益为－2500万元。公司实际上是资不抵债。即使再入资2000万元，其对合资公司的贡献也为0，盘活H公司亦存在安置员工等诸多困难。

原来H公司只是个烫手的山芋。AV公司最后决定谢绝这种赠送。

“白送资产”到底是天上掉馅饼还是烫手的山芋，企业领导者必须进行准确判断。如果只听一面之词，就会以为碰上了“买一赠一”的好事。仔细调查，原来是个陷阱。

合资、联营、并购等是现代企业运作的常见方式，很多情况下，企业领导者不可能深入了解对方企业，而这时，财务报表就是我们读懂企业的最有效、最简洁的方式。

如果把企业看成商海中的作战单位，那么企业财务报表就是指南针，就是作战地图。古往今来，任何一次战争都要有地图的参与。通过地图，可以定位我们正处在什么位置，什么样的环境，可以知道我们进军的目标在哪里，可以找到我们要占领的指定目标有哪些途径……没有地图，在战争中几乎寸步难行。

在现实管理中也是一样。如同地图一样的财务报表，可以帮助企业领导者明确定位“我们在哪里”“我们的目标在哪里”“我们有哪些可以达到目标的途径”，从而帮助企业找到实现目标并在商战中立于不败之地的路径。这些就是财务报表的作用，也是企业家为什么要掌握财务报表的原因。

优秀的企业家，通过解析企业财务报表，对“产品”“效率”“财力”这三方面下工夫深入研究和分析，能很快找到企业发展的真正“密码”，并进行突破和改进。这也是为什么越来越多的企业家关心数字、关心报表的真正原因。而不懂财务报表的企业家，就好比看不懂地图的军事家，在商战中完全跟瞎子一样，赢一次两次是运气，最终很快就可能面临失败和再次失败。

因此，财务报表是企业家的必修课。看懂财务报表是一个成功企业家的必要素质，也是管理好企业的前提。

从资产负债表判断公司的现状

资产负债表，是反映企业在某一特定日期（如月末、季末、年末）全部资产、负债和所有者权益情况的会计报表，是企业经营活动的静态体现，是根据“资产＝负债＋所有者权益”这一平衡公式，依照一定的分类标准和一定的次序，将某一特定日期的资产、负债、所有者权益的具体项目予以适当的排列编制而成。

“资产＝负债＋所有者权益”这个公式可以用表 2–1 来表示。

表 2–1 资产负债表

<table>
<tr><td rowspan="2">资产：有经济价值的资源，企业使用它们来取得利润和资金</td><td>负债：企业用借款或延期付款方式，从第三方或产品 / 服务的供应商处取得的资金</td></tr>
<tr><td>所有者权益：企业所有者用投资的方式所提供的资金和企业所留存的那部分属于投资者所有的利润</td></tr>
</table>

1. 资产负债表的功用

资产负债表的功用，除了帮助企业内部除错、调整经营方向、防止弊端外，也可让企业管理者用最短时间了解企业经营状况。

总部设在伦敦的巴黎银行，是世界上首家商业银行，创建于 1763 年。但是 1995 年末，这家世界上最老牌的商业银行却破产倒闭了。是什么原因使这家老牌银行走向末路了呢？除了银行内部的控制有问题以外，还有个很重要的问题——这家银行的董事长彼得·巴林不重视资产负债表。

在一次演讲中，彼得·巴林曾经说过这样一句话：若以为掌握更多的资产负债表数据，就能够增进对一个集团的了解，那真是幼稚无知了。具有讽刺意味的是，他发表这番“高论”之后不到一年的时间，巴黎银行就破产了，这是他绝对没有想到的。因为他不重视对资产负债表的阅读，使银行付出了惨痛的代价。

其实，巴黎银行是完全可以避免破产的。如果银行的高层管理者能够关注资产负债表，就会知道公司已经发生了什么事情。如果及时采取措施，就不至于使公司破产倒闭。

与彼得·巴林相反，一些成功的投资家和企业家则充分认识到了资产负债表的重要性。

卓越的股票投资家和证券投资基金经理彼得·林奇一直认为，不必把事情搞得太复杂。据说彼得·林奇阅读一份年报通常只需要几分钟的时间。

据说他投资福特公司时，翻开年报，会略过前面的文字部分，直接翻到资产负债表。

他把流动资产中的现金及现金等价物加上有价证券，减去长期债务，算出福特公司的净现金头寸。金额比较大，表明不论发生什么情况，福特公司都不会破产。然后，他又用这个金额除以流通股，得出每股股票的净现金价值为 16.3 美元。而此时，福特公司的每股股票市价是 38 美元。

资产负债表就像人体的骨骼一样，支撑着整个企业的财务体系，反映着企业的整体经营状况。分析资产负债表，就像给企业的经营现状进行一次全方位的健康体检。

2. 资产负债表的编制

资产负债表的编制可以参考表 2-2 所示。

表 2-2　SW 公司资产负债表

× 年 × 月 × 日　　单位：万元

资产	年初数	年末数	负债及所有者权益	年初数	年末数
流动资产			流动负债		
货币资金	1 600	1 800	短期借款	4 000	4 600
短期投资	2 000	1 000	应付账款	2 000	2 400
应收账款	2 400	2 600	预收账款	600	800
预付账款	80	140	其他应付款	200	200
存货	8 000	10 400	流动负债合计	6 800	8 000
长期待摊费用	120	160	非流动负债		
流动资金合计	14 200	16 100	长期负债	4 000	5 000
非流动资产			所有者权益		

（续表）

资产	年初数	年末数	负债及所有者权益	年初数	年末数
长期投资	800	800	实收资本	24 000	24 000
固定资产净值	24 000	28 000	盈余公积	3 200	3 200
无形资产	1 000	1 100	未分配利润	2 000	5 800
			所有者权益合计	29 200	33 000
资产合计	40 000	46 000	负债及所有者权益合计	40 000	46 000

在资产负债表中，有50多项数据，其中有几个核心数据至关重要，以下进行简要说明。

（1）货币资金。货币资金是自有的，而借款是外来的。通常情况下，自有的资金越多越好，外来的借款越少越好。

举个例子，2016年销售额为45亿元人民币的老干妈，近三年累计纳税18亿元。但近年来，老干妈几乎没有银行借款，却一步一个脚印走到了世界顶级调味品行业的前列。老干妈创立至今，陶华碧恪守的“四不”名言——“不偷税、不贷款、不欠钱、不上市”也广为人知。

（2）银行借款。银行借款也要看期限，关注长期还是短期。如果短期内到期的借款金额太大，同时自有货币资金又远小于即将到期的借款金额，那么预示着公司近期资金链上会有很大的麻烦。然而，如果长期积累的借款逐年增大，而且数额过大，则表明公司是台吞钱的机器，缺乏盈利和偿债能力。当然借款和企业的发展息息相关，如果高速成长期已经过去，但银行借款仍然过大，就说明这家公司已经出现了问题，需要引起重视。

近年来陷入产能过剩危机的钢铁行业，根据工信部发布的信息，钢铁企业2013年负债总额约3万亿元，中小型钢铁企业纷纷陷入资金链断裂、停产及债务违约的危机中。

（3）应收账款和存货。这是分析资产负债表中的关键点。存货代表公司资产的存量，应收账款则往往跟营业收入和销售有关。这两项指标很容易被一些不法企业用来舞弊、用来粉饰报表。

（4）固定资产和无形资产。两者性质比较类似，但也有很大区别。固定资产代表企业的硬实力，而无形资产则代表企业的软实力，尤其是创新能力。所以在主板市场上，我们更重视企业硬实力，而在创业方面，我们则更重视企业的创新能力，或者说研发支出转移成无形资产的能力。

（5）应付账款。应付账款是指在购买过程中发生的欠客户的钱。如果一家公司总是欠款不还，那显然这家公司在市场上没有信用，扩大发展缺乏必要的基础。而应付员工薪酬，则是企业经营过程中欠员工的钱。

这里要判断应付员工薪酬是否存在持续增长趋势，如果持续增长，那么这家公司显然存在问题，或者已经陷入经营困境。比如，有的公司一直欠缴员工的五险一金，在员工薪酬支付上存在着巨大的漏洞

（6）资本公积。资本公积是一个巨大的蓄水池，有些公司为了粉饰利润，照顾控股股东的利益，企图将一些交易通过输送利润的方式注入利润表，但根据目前的会计准则，这些交易只能放入资本公积。因此，如果我们看到在一定时期内资本公积过大，可能意味着这家公司存有操控利润的嫌疑。

（7）未分配利润。未分配利润如果长时间积累，公司没有为广大股东分红，显然是个“铁公鸡”，这样的公司也是不受尊敬的。

读懂利润表，知盈亏根源

利润表是反映企业一定会计期间生产经营成果的会计报表。企业一定会计期间的经营成果既可能表现为盈利，也可能表现为亏损，因此，利润表也被称为损益表。

利润表全面揭示了企业在某一特定时期实现的各种收入、发生的各种费用、成本或支出，以及企业实现的利润或发生的亏损情况。

一个企业月营业收入 100 万元，营业成本 80 万元，每月净利润就是 20 万元，如果成本大于营收，那么企业利润就是负数，也就是我们说的亏损。比如企业月营业收入仍是 100 万元，营业成本 120 万元，则每月净亏损 20 万元。

利润表的编制可以参考表 2-3 所示。

表 2-3 SW 公司利润表

× 年 × 月 × 日　　　　单位：万元

项目	上年实际	本年累计
一、营业收入	36 000	40 000
减：营业成本	21 400	24 400
营业税金及附加	2 160	2 400
销售费用	3 240	3 800
管理费用	1 600	2 000
财务费用	400	600
资产减值损失		
加：投资收益（损失以“-”表示）	600	0
二、营业利润	7 800	6 800
加：营业外收入	1 600	1 800
减：营业外支出	600	200
三、利润总额（亏损以“-”表示）	8 800	8 400

（续表）

项目	上年实际	本年累计
减：所得税费用（税率为 40%）	3 520	3 360
四、净利润	5 280	5 040
五、每股收益		
（一）基本每股收益	0.00068	0.00062
（二）稀释每股收益	0.00054	0.00048

同资产负债表一样，利润表也有一个恒等式，收入－费用＝利润。其具体内容取决于收入、费用、利润等会计要素及其内容。以下简要介绍利润表各要素。

1. 营业收入

营业收入是指公司销售的产品或者提供的服务取得的收入，也是一家公司最主要的收入来源。看到这个收入的时候，需要再深入研究一下，公司的产品或服务是什么？哪些产品在赚钱，哪些产品在亏钱？看一下购买这个产品或服务的是哪几个大客户，是否分散得比较均匀，因为如果几个大客户突然不和你合作了，这也是潜在的风险。

（1）营业成本。

营业的成本就是公司提供的产品或者服务，这时候我们可以得到一个很重要的数据，即营业毛利率（销售毛利率）。

营业毛利率＝（营业收入－营业成本）÷ 营业成本 ×100%

毛利率高说明这个生意很赚钱，毛利率低则恰好相反。一项拥有很高毛利率的生意，肯定会吸引更多的竞争对手，在竞争的过程中有可能就会出现价格战，营业收入就会降低，毛利率就会下降，如果一家公司的毛利率下降很快，需要关注是不是遇到了竞争对手，或者行业发生了改变。

一家公司的毛利率一直在 10% 左右，突然毛利率达到了 30% 甚至更高，这就要特别注意了，这家公司很有可能销售了新的产品，而不是在原有的产品上提价了。

（2）成本主要项目。

营业税金及附加：企业在经营活动中负担的相关税费，包括营业税、消费税、城市建设维护税等。

销售费用：在销售产品或服务的过程中产生的费用，比如运输费、仓储费、广告费、销售人员的工资、门店的租金。

管理费用：企业的行政管理部门为管理和组织经营而发生的各项费用。

财务费用：企业在生产经营过程中为筹集资金而发生的各项费用，包括企业生产经营中的利息支出、汇兑净损失、金融机构手续费等。

资产减值损失：因资产的账面价值高于其可回收金额而造成的损失。会计准则规定资产减值范围主要是固定资产、无形资产，以及除特别规定外的其他资产减值的处理。

营业成本分解示意图如图 2-2 所示。

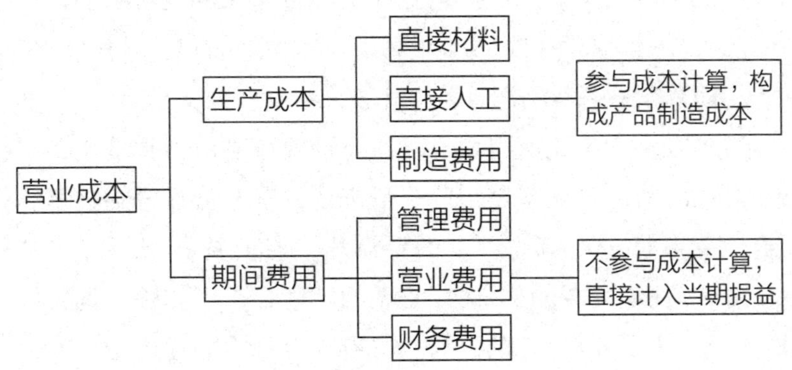

图 2-2 营业成本分解示意图

2. 营业利润

营业利润可以理解为企业的经营能力换来的利润，但不是企业的最终利润总额。

（1）营业外收入。营业外收入是指与企业生产经营活动没有直接关系的各种收入。营业外收入并不是由企业经营资金耗费所产生的，也不需要企业付出代价，实际上是一种纯收入。如企业转让厂房、设备所得的溢价，转让项目所得等均为营业外收入。

营业外收入一般不经常发生，企业不能指望通过营业外收入来弥补亏损，企业的盈利仍然需要依靠自己的主业。

（2）营业外支出。营业外支出是指不属于企业的生产经营费用，与企业生产经营活动没有直接的关系。营业外支出与营业外收入类似，是偶然发生的。一旦发生营业外支出，企业必须“亡羊补牢”，通过查找原因，以防再度发生营业外支出，从而加强企业的管理。这是营业外支出带给企业的间接作用。

3. 利润总额

利润总额是衡量企业经营业绩的十分重要的经济指标。利润总额是在营业收入中扣除成本消耗及营业税后的剩余。其公式为：

利润总额＝营业利润＋营业外收入－营业外支出

（1）按多少上交所得税。利润总额要减去所得税费用，要按税务会计的利润总额来制定。一般来说，财务会计做到这里，就交给税务会计进行调整，有的要调增，有的要调减，有的不能扣。比如，超过收入 15% 的广告费用不能在当年扣除。销售收入 100 万元，投了 20 万元的广告费，有 5 万元不能在当年扣除，在财务上可以做，但纳税的时候不能把它算支出，需要把利润调增，做多。

（2）企业所得税的调整。财务人员整理出企业的利润总额后，由企业的税务会计根据各项税收比率进行纳税调整，得出企业的所得税费用。如广告费不得超过15%，超过部分在财务上可以体现为支出，但在纳税时就得由企业税务会计调回15%的比例，其超过部分仍作为利润体现。再如，企业买国债，在财务中可以体现出国债所得的利息收入，然而根据国家规定，国债利息收入不纳税，在税务中则必须相应下调利润总额，扣除国债利息收入，再计算企业应纳税所得。

根据税务会计的相应调整，得出企业应纳税所得，再乘以25%的企业所得税税率，最终得出企业所得税费用。

综上所述，营业收入减去营业费用之后得出利润，再按要求将母、子公司的报表合并，按照母、子公司之间的股权分配，算出归属于母公司的所有者权益，得出利润率。利润表便是在将利率加到资产负债表中的未分配利润的基础上制定出来的。

总之，利润表能够告诉企业管理者：企业是赚钱的还是赔钱的，如果赚钱，钱赚在哪里；如果赔钱，钱赔在什么地方。

现金流量表的来龙去脉

现金流量表是反映一定时期内的企业经营活动、投资活动和筹资活动对其现金及现金等价物所产生影响的财务报表。它详细描述了由公司的经营、投资与筹资活动所产生的现金流。

2013年，长城公司增加了2000万元的现金。在公司的现金流量表中反映，公司的经营活动增加了600万元，投资活动增加了600万元，筹资活动增加了800万元，三项活动的总和是2000万元。公司的经营活动项表明，公司出售商品的回收款是200万元，公司上一年交税交费100万元，给公司退回40万元。公司购买原材料100万元，支付职工工资134万元。

可见，借助于现金流量表，企业管理者可以弄清楚现金从何处来，用到什么地方去了。这是现金流量表最基本的作用和功能。

现金的流入和流出记录如图2–3所示。

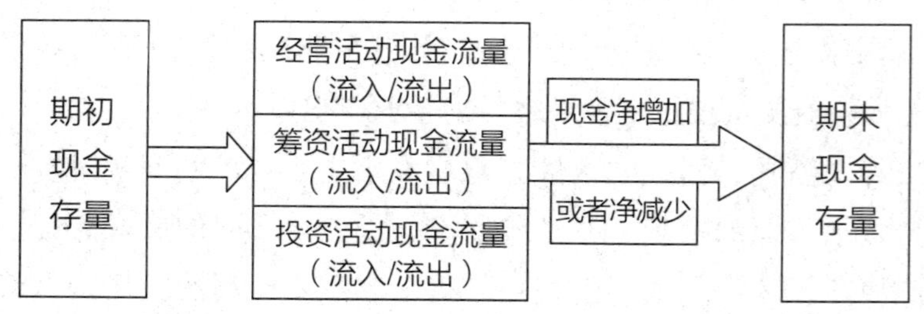

图2–3 现金的流入与流出

1. 现金流量表的构成要素

（1）来自经营活动的现金流量：反映公司为开展正常业务而引起的现金流入量、流出量和净流量，如商品销售收入、出口退税等增加现金流入量，购买原材料、支付税款和人员工资等增加现金流出量。

（2）来自投资活动的现金流量：反映公司取得和处置证券投资、固定资产和无形资产等活动所引起的现金收支活动及结果，如变卖厂房取得现金收入，购入股票和债券等对外投资引起现金流出等。

（3）来自筹资活动的现金流量：是指公司在筹集资金过程中所引起的现金收支活动及结果，如吸收股本、分配股利、发行债券、取得借款和归还借款等。

（4）非常项目产生的现金流量：是指非正常经济活动所引起的现金流量，如接受捐赠或捐赠他人、罚款现金收支等。

（5）不涉及现金收支的投资与筹资活动：这是一类对股民非常重要的信息，虽然这些活动并不会引起本期的现金收支变化，但对未来的现金流量会产生极为重大的影响。这类活动主要反映在“补充资料”一栏里，如以对外投资偿还债务、以固定资产对外投资等。

现金流量表的编制可以参考表 2–4 所示。

表 2–4　SW 公司现金流量表

×年×月×日　　　　单位：万元

项目	本期金额
一、经营活动产生的现金流量	
销售商品、提供劳务收到现金	20 000
经营现金流入小计	20 000
购买商品、接受劳务支付的现金	12 000
支付给职工以及为职工支付的现金	5 000
支付的各项税费	1 500
支付其他与经营活动有关的现金支出	600
经营现金流出小计	19 100
经营活动产生的现金流量净额	900
二、投资活动产生的现金流量	
收回投资收到的现金	800
投资现金流入小计	800
购置固定资产支付的现金	4 000
投资现金流出小计	4 000
投资活动产生的现金流量净额	- 3 200
三、筹资活动产生的现金流量	
取得借款收到的现金	9 600
筹资现金流入小计	9 600
偿还债务支付的现金	8 000
筹资现金流出小计	8 000
筹资活动产生的现金流量净额	1 600
四、汇率变动对现金及现金等价物的影响	0
五、现金及现金等价物净增加额	–700

2. 现金流量表的分析要点

（1）分析经营活动现金流量。

正常情况下，经营活动现金净流量＞财务费用＋本期折旧＋无形资产递延资产摊销＋待摊费用摊销。计算结果如为负数，表明该企业经营的现金收入不能抵补有关支出，存在经营困难。

现金购销比率。在一般情况下，这一比率应接近于商品销售成本率。如果购销比率不正常，可能有两种情况：商品呆滞积压；经营业务萎缩。两种情况都会对企业产生不利影响。用公式表示为：

现金购销比率＝购买商品接受劳务支付的现金 ÷ 销售商品出售劳务收到的现金

营业现金回笼率。此项比率一般应在95%左右，如果低于95%，说明销售工作不正常或销售信用政策不适当；如果低于90%，说明可能存在比较严重的虚盈实亏。用公式表示为：

营业现金回笼率＝本期销售商品出售劳务收回的现金 ÷ 本期营业收入 × 100%

支付给职工的现金比率。这一比率可以与企业过去的情况比较，也可以与同行业的情况比较，如比率过大，可能是人力资源有浪费，劳动效率下降，或者由于分配政策失控，职工收益分配的比例过大；如比率过小，反映职工的收益偏低。用公式表示为：

支付给职工的现金比率＝用于职工的各项现金支出 ÷ 销售商品出售劳务收回的现金

（2）分析企业短期偿债能力。

分析企业短期偿债能力，主要是看企业的实有现金与流动负债的比率，由于流动负债的还款到期日不一致，这一比率一般在0.5~1之间。这个比率越大，说明企业短期偿债能力越强。用公式表示为：

企业的实有现金与流动负债的比率＝（期末现金＋现金等价物余额）÷ 流动负债

（3）分析企业固定付现费用的支付能力。

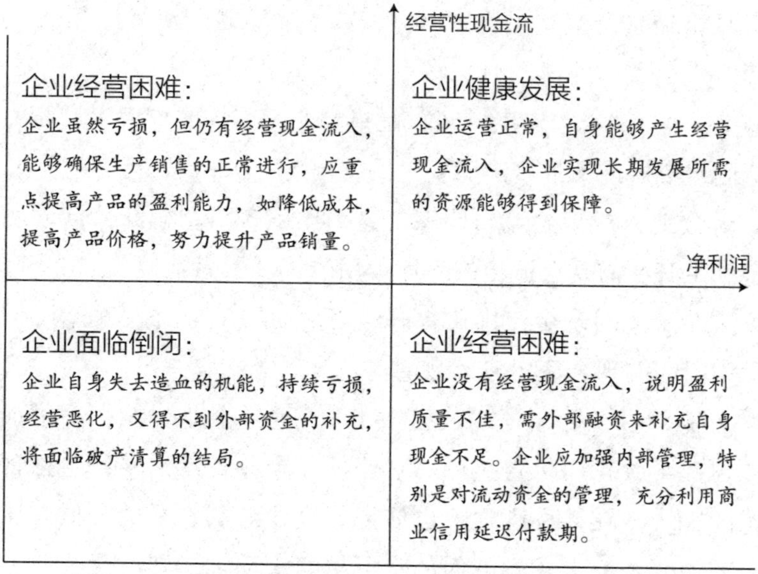

经营性现金流

企业经营困难：
企业虽然亏损，但仍有经营现金流入，能够确保生产销售的正常进行，应重点提高产品的盈利能力，如降低成本，提高产品价格，努力提升产品销量。

企业健康发展：
企业运营正常，自身能够产生经营现金流入，企业实现长期发展所需的资源能够得到保障。

净利润

企业面临倒闭：
企业自身失去造血的机能，持续亏损，经营恶化，又得不到外部资金的补充，将面临破产清算的结局。

企业经营困难：
企业没有经营现金流入，说明盈利质量不佳，需外部融资来补充自身现金不足。企业应加强内部管理，特别是对流动资金的管理，充分利用商业信用延迟付款期。

图 2–4　现金流对企业的重要性

这一比率如小于 1，说明经营资金日益减少，企业将面临生存危机，可能存在经营萎缩，资产负债率高，投资失控，企业人力资源配置不当等问题。用公式表示为：

固定付现费用支付能力比率＝（经营活动现金注入－购买商品接受劳务支付的现金－支付各项税金的现金）÷ 各项固定付现费用

现金流和净利润直接反映企业的经营状况，这可以通过图 2–4 直观地看出来。

（4）分析企业的发展能力。

盈利现金比率。该比率越高，企业创造未来现金流量或利润的能力就越强。用公式表示为：

盈利现金比率=经营活动现金净流量÷净利润

现金流量资本支出比率。这个比率主要反映企业利用经营活动产生的净现金流量维持或扩大生产经营规模的能力。其比值越大，说明企业发展能力越强，反之，则越弱。用公式表示为：

现金流量资本支出比率=经营活动的净现金流量÷资本支出总额

公式中，“资本支出总额”是指企业为维持或扩大生产能力而购置固定资产或无形资产而发生的支出。

现金流入对现金流出比率。这个比率表明企业经营活动所得现金满足其所需现金流出的程度。用公式表示为：

现金流入对现金流出比率=经营活动的现金流入累计数÷经营活动引起的现金流出累计数

一般而言，该比率的值应大于1，这样企业才能在不增加负债的情况下维持简单再生产。它体现了企业经营活动产生正现金流量的能力，在某种程度上也体现了企业盈利水平的高低。比值越大，说明企业上述各方面的状况越好，反之，则说明企业上述各方面的状况越差，发展能力越弱。

总之，现金流量表提供了一家企业经营是否健康的直接证据。领导者无论是制定企业规划战略，还是管理决策，都应对其有足够的了解。

财务报表附注的决策作用

财务报表附注是对资产负债表、利润表、现金流量表和所有者权益变动表等报表中列示项目的文字描述或明细资料，以及对未能在这些报表中列示项目的说明等。它可以使报表使用者全面了解企业的财务状况、经营成果和现金流量，帮助企业领导做出决策。

财务报告与财务报表附注的关系如图 2-5 所示。

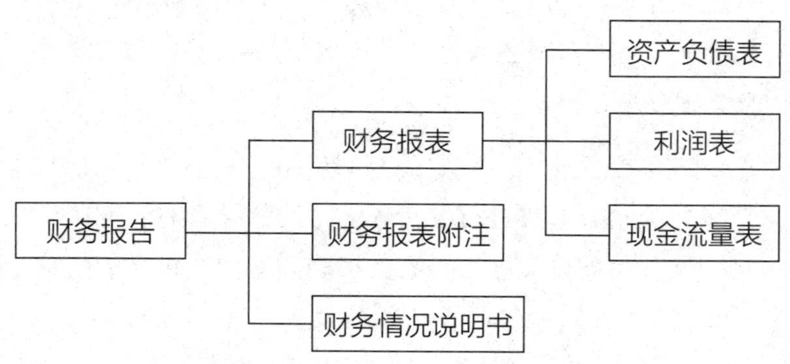

图 2-5 财务报告与报表关系图

冠福家用是一家从事日用工艺美术品加工制造的公司，于 2006 年 12 月在深交所中小企业板上市，公司主要采用经销商销售模式。对此，该公司 2007 年的财务报表附注中进行了说明：将之前一直采用“委托代销”方式确认销售收入的会计政策改为用“一般销售”确认销售收入。

2008 年 3 月 29 日，《经济观察报》以“冠福家用年报质疑，21 天核销 3 成利润”为题，质疑冠福家用频繁变更会计政策是为了配合“小非”解禁出货。

这则报道使冠福家用的非流通股解禁减持情况浮出水面。2008 年 1 月 2 日，冠福家用部分限售股权取得流通权，次日公司股价创历史最高水平，达到每股 31.07 元。到 2 月 29 日止，公司 11 位发起人中已解禁的 7 位发起人股份减持近 600 万股。减持结束后，冠福家用恢复采用“委托代销”收入确认方式。前后不足 20 天，会计政策变更直接导致 2007 年度每股收益从更正前的每股 0.35 元下降到更正后的每股 0.22 元。冠福家用 2007 年会计政策的变更，存在明显的为配合“大小非解禁出货”而粉饰财务报告的倾向。

冠福家用 3 月 31 日发布《澄清公告》，声称公司并无违法违规行为。2008 年 5 月，福建证监局向冠福家用（002102）发出了《关于限期整改的通知》，要求该公司对随意变更会计核算方法进行整改。

会计政策变更会产生一定的经济后果。将企业的会计政策变更与股东行为结合起来进行分析，能帮助领导者对企业的管理行为进行判断。由此也能看出，财务报表附注中所包含的信息量是十分巨大的。

那么，企业领导者如何才能读懂隐晦的财务报表附注呢？

1. 财务报表附注的形式

（1）括弧说明。常用于为财务报表主体内提供补充信息，因为它把补充信息直接纳入财务报表主体，所以比起其他形式来，显得更直观，不易被人忽视，缺点是它包含内容过短。

（2）尾注说明。这是附注的主要形式，一般适用于说明内容较多的项目。

（3）脚注说明。指在报表下端进行的说明，例如说明已贴现的商业承兑汇票和已包括在固定资产原价内的融资租入的固定资产原价等。

（4）补充说明。有些无法列入财务报表主体中的详细数据、分析资料，可用单独的补充报表进行说明，如可利用补充报表的形式来揭示关联方的关系和交易等内容。

2. 财务报表附注的内容

（1）关于不符合会计假设的说明。如果违背了基本会计假设，必须予以披露，并说明原因。例如，“本企业由于经营不善、连年亏损，目前已资不抵债，濒临破产边缘，因此在会计报表的编制上，不采用持续经营假设，而根据清算会计的原则编制”。

（2）关于会计政策。会计政策是企业在会计核算时所遵循的具体会计原则，以及企业所采纳的具体会计处理方法。特别是会计政策、会计估计发生变更时，企业应在会计报表附注中披露会计政策变更内容、理由、影响数，以及累计影响数不能合理确定的理由；会计估计变更的内容、理由、影响数，以及累计影响数不能合理确定的理由；重大会计差错的内容及更正金额。

（3）关于会计报表重要项目的注释。除需对应收账款、存货、对外投资、固定资产、无形资产、长期待摊费用等做出明细说明外，对少见的报表项目或报表项目的名称反映不出相关业务性质或报表项目金额异常的需要说明其原因，以及对会计报表中无法表述的重要项目做详细说明。

（4）关于重要事项的揭示。对于承诺或担保事项、或有事项、资产负债表日后的非调整事项、重大资产转让或出售，以及重大融资和投资活动等，均需在财务报表附注中予以说明。

3. 财务报表附注的特征及作用

（1）附属性。财务报表与附注之间存在一个主次分明、相辅相成的关系：财务报表是根，附注处于从属地位。没有财务报表的存在，附注就失去了依靠，其功能也就无处发挥；而没有附注恰当的延伸、说明，财务报表的功能就难以有效地实现。

（2）解释性。财务报表项目是被高度浓缩的会计信息，且由于经济业务的复杂性和企业在编制财务报表时可能选择了不同的会计政策，企业需要通过财务报表附注对财务报表的编制基础、编制依据、编制原则和方法及主要事项等进行解释，以此增进会计信息的可理解性，同时使不同企业的会计信息的差异更具可比性，便于进行对比分析。

（3）补充性。财务报表附注拓展了企业的会计信息内容。打破了三张主要报表内容必须符合会计要素的定义，又必须同时满足相关性和可比性的限制，突破了揭示项目必须用货币加以计量的局限性。通过报表附注的文字说明，辅以某些统计资料或定性信息，可弥补财务信息的不足，从而能全面反映企业面临的机会与风险，将企业价值充分体现出来，保证了信息的完整性，从而有助于信息使用者做出最佳决策。

（4）建设性。财务报表附注除了解释和补充说明财务报表内容外，还要对其加以分析、评价，并有针对性地提出一些改进工作的建议、措施。如通过市场占有率、投入产出等信息，管理者可以了解本企业在同行中的地位，发现自己的优势与不足，从而采取措施改进企业经营管理，提高生产效率和产品质量，扩大产品的市场占有率。

总之，企业领导者应拓宽财务报表附注信息披露制度的覆盖面，加强管理财务报表附注信息披露的规范操作，提高财务报表附注信息披露的质量，充分发挥财务报表附注信息的作用，为决策者做出合理的决策提供有价值的参考。

财务报表的分析方法

财务报表分析，又称财务分析，是通过收集、整理企业财务会计报告中的有关数据，并结合其他有关补充信息，对企业的财务状况、经营成果和现金流量情况进行综合比较和评价，为财务会计报告使用者提供管理决策和控制依据的一项管理工作。

财务报表数据泛滥，图标繁多，很多人看了会晕头转向，甚至财务人员看了也感到迷惑和不解。其实财务报表分析，并没有想象中那么难。

进行财务报表分析，最主要的方法是比较分析法和因素分析法。

1. 比较分析法

客观事物的发展变化是统一性与多样性的辩证结合，这是比较分析法的理论基础。共同性使它们具有了可比的基础，差异性使它们具有了不同的特征。在进行实际分析时，这两方面的比较往往结合使用。

（1）按比较参照标准分类。

趋势分析。趋势分析就是分析期与前期或连续数期项目金额的对比。这种对财务报表项目纵向比较分析的方法是一种动态的分析。

通过分析期与前期（上季、上年同期）财务报表中有关项目金额的对比，可以从差异中及时发现问题，查找原因，改进工作。通过连续数期的财务报表项目的比较，能够反映出企业的发展动态，以揭示当期财务状况和营业情况的增减变化，判断引起变动的主要项目是什么，这种变化的性质是有利还是不利，发现问题并评价企业的财务管理水平，同时也可以预测企业未来的发展趋势。

同业分析。将企业的主要财务指标与同行业的平均指标或同行业中先进企业的指标进行对比，可以全面评价企业的经营业绩。通过与行业平均指标的对比，可以分析判断该企业在同行业中所处的位置。通过和先进企业的指标进行对比，有利于吸收先进经验，克服本企业的缺点。

预算差异分析。将分析期的预算数额作为比较的标准，实际数与预算数的差距就能反映完成预算的程度，可以为进一步分析和寻找企业潜力提供方向。

比较法的主要作用在于揭示客观存在的差距及形成这种差距的原因，帮助人们发现问题，挖掘潜力，改进工作。比较法是各种分析方法的基础，不仅报表中的绝对数要通过比较才能说明问题，计算出来的财务比率和结构百分数也都要与有关资料（比较标准）进行对比，才能得出有意义的结论。

（2）按比较的指标分类。

总量指标。总量是指财务报表某个项目的金额总量，例如净利润、应收账款、存货等。

由于不同企业的会计报表项目的金额之间不具有可比性，因此总量比较主要用于历史和预算比较。有时候总量指标也用于不同企业的比较，例如，证券分析机构按资产规模或利润多少建立的企业排行榜。

财务比率。财务比率是用倍数或比例表示的分数式，它反映各会计要素的相互关系和内在联系，代表了企业某一方面的特征、属性或能力。财务比率的比较是最重要的比较。它们是相对数，排除了规模的影响，使不同比较对象建立起可比性，因此广泛用于历史比较、同业比较和预算比较。

结构百分比。结构百分比是用百分率表示某一报表项目的内部结构。它反映该项目内各组成部分的比例关系，代表了企业某一方面的特征、属性或能力。结构百分比实际上是一种特殊形式的财务比率。它们同样排除了规模的影响，使不同比较对象建立起可比性，可以用于本企业历史比较、与其他企业比较和与预算比较。

2. 因素分析法

因素分析法也是财务报表分析常用的一种技术方法，它是指把整体分解为若干个局部的分析方法，包括财务的比率因素分解法和差异因素分解法。

（1）比率因素分解法。

比率因素分解法是指把一个财务比率分解为若干个影响因素的方法。例如，资产收益率可以分解为资产周转率和销售利润率两个比率的乘积。财务比率是财务报表分析的特有概念，财务比率分解是财务报表分析所特有的方法。

在实际的分析中，分解法和比较法是结合使用的。比较之后需要分解，以深入了解差异的原因；分解之后还需要比较，以进一步认识其特征。不断的比较和分解，构成了财务报表分析的主要过程。

（2）差异因素分解法。

为了解释比较分析中所形成差异的原因，需要使用差异分解法。例如，产品材料成本差异可以分解为价格差异和数量差异。

差异因素分解法又分为定基替代法和连环替代法两种。

定基替代法是测定比较差异成因的一种定量方法。按照这种方法，需要分别用标准值（历史的、同业企业的或预算的标准）替代实际值，以测定各因素对财务指标的影响。

连环替代法是另一种测定比较差异成因的定量分析方法。按照这种方法，需要依次用标准值替代实际值，以测定各因素对财务指标的影响。

在财务报表分析中，除了普遍、大量地使用比较法和因素分析法之外，有时还使用回归分析、模拟模型等技术方法。

财务报表分析的要点

企业财务报表的分析方法有很多，领导者在分析的过程中，要注意以下分析要点。

1. 行业分析先于报表分析

企业在竞争中求生存和发展，企业的经营活动受制于经营环境和经营战略的影响。经营环境包括企业所处的行业、要素市场、政策法规、管理制度等；经营战略则决定了企业如何在经营环境中获得竞争优势，决定着企业采取哪种商业模式让企业获得更多的盈利，并整体提升企业价值。二者对企业经营状况和发展前景有重要影响。

一个企业是否有长期的发展前景，首先同它所处的行业本身的性质有关。身处高速发展的行业，对任何企业来说都是一笔财富；当一个企业处于弱势发展行业中，即使财务数据优良，也会因大环境的下行趋势而影响其未来的盈利能力。如现在的钢铁、水泥等建材行业的企业。

2. 净资产收益率高的企业一定是最好的企业

净资产收益率，是从财务角度评价企业绩效的一种经典方法，反映的是股东权益的收益水平，可用以衡量公司运用自有资本的效率。指标值越高，说明投资带来的收益越高。但该指标只包括财务方面的信息，无法全面反映企业的实力，有很大的局限性，主要表现在：

（1）对短期财务结果过分重视，可能助长公司管理层的短期行为，忽略企业长期的价值创造。

（2）财务指标反映的是企业过去的经营业绩，而顾客、供应商、雇员、技术创新等因素对企业经营业绩的影响越来越大，该指标无能为力。

（3）无形资产对提高企业长期竞争力至关重要，该指标不能解决无形资产的估值问题。在实际运用中必须结合企业的其他信息加以分析，做出综合评价。

净资产收益率的公式如下。

$$\text{净资产收益率}=\frac{\text{净利润}}{\text{平均净资产}}=\frac{\text{净利润}}{\text{平均总资产}}\times\frac{\text{平均总资产}}{\text{平均净资产}}$$

$$=\frac{\text{净利润}}{\text{销售收入}}\times\frac{\text{销售收入}}{\text{平均总资产}}\times\frac{\text{平均总资产}}{\text{平均净资产}}$$

$$=\text{销售净利率}\times\text{资产周转率}\times\text{权益乘数}$$

其中，$\text{权益乘数}=\frac{1}{1-\text{资产负债率}}$

由公式可以看出，决定净资产收益率的因素有：销售净利率、资产周转率和权益乘数。下面通过一个案例来简要介绍这些财务指标的综合分析方法。

JM 公司 2015、2016 年净资产收益率都为 12.12%，其他指标如表 2-5 所示。

表 2–5 JM 公司财务指标分析

财务指标	2015 年	2016 年
净资产收益率	12.12%	12.12%
资产净利率	6%	6%
权益乘数	2.02	2.02
销售净利率	5%	3%
资产周转率	1.2	2

通过上表数据，我们可以看一下该企业的财务状况。

从表面上看，该企业的净资产收益率两年均一致，财务状况似乎未发生变化。我们通过进一步分析可以发现，该企业 2016 年仅负债规模未发生变化（权益乘数不变），但盈利能力却下降了，因为销售净利率从 5% 下降为 3%。该企业的资产周转率从 1.2 上升为 2，这一资产管理水平的上升掩盖了销售获利水平下降的事实。因此，企业需要进一步了解销售净利率下降的原因，并寻找解决办法。

3. 及时发觉企业的风险

企业的风险可以从财务报表、法人治理结构、惯性依赖的风险和外部环境变化的风险等方面结合起来考量。

（1）企业的经营风险和财务风险。对于经营风险，主要关注企业经营活动在持续高质量盈利方面的不确定性，可以通过考察核心利润与经营活动现金净流量之间的数量对比关系、毛利率、存货周转率、流动比率、固定资产周转率及总资产周转率来分析和判断。对于财务风险，需要关注企业的债务融资（尤其为贷款融资）与偿还本金、利息的能力方面的不确定性，可以通过考察企业的资产负债率、债务结构中的贷款与商业负债的结构，以及企业的综合盈利能力等因素来分析判断。

（2）企业经营中惯性依赖的风险。如上下游关系未来发展的惯性依赖、组织文化的惯性依赖、竞争环境的惯性依赖、核心业务发展的惯性依赖等，如果存在这些依赖，当经营环境或行业发展出现较大变化时，势必会给公司带来较大的经营风险。

（3）外部环境变化的风险。如政治因素、经济发展的总态势、特定时期的经济政策，甚至企业所在地区主要行政领导人的变化、自然灾害等，对于企业来说，这些无法用财务比率计算出来的风险也需要格外关注。

下面以HJ企业的案例来说明，如表2–6所示。

表2–6 HJ企业利润综合分析表

单位：万元

财务指标	2016年	2015年	差异	差异百分比
营业收入	2 300	2 000	300	15%
营业成本	1 780	1 380	400	29%
毛利	520	620	–100	–16%
营业费用	210	140	70	50%
管理费用	90	80	10	13%
财务费用	8.6	9	–0.4	–4%
所得税	48	–48	96	200%
净利润	211.4	343	–131.6	–38%

这是HJ企业连续两年的利润表，该企业净利润的变化情况，以及净利润大幅下滑的原因是什么呢？

首先，该企业2016年营业收入上升了15%，说明销售额增加了；营业成本增长了29%，增长速度更快，导致企业的毛利率下降。这是导致利润下降的最主要原因。企业需要进一步分析影响营业成本增长的因素，是人工因素还是原材料因素等，并考虑是否能积极消除这些因素对成本的影响。

其次，营业费用的增长速度也达到了50%，远高于营业收入的增长，究其原因，可能是产品的广告宣传、促销及销售人员的提成造成的，需要进一步考虑如何控制该费用的增长。

最后，管理费用、财务费用的增长均未超过营业收入的增长速度，对利润的影响也在正常范围内。因此，该企业应重点关注营业成本和营业费用的增长及控制，如果成本难以下降，是否可以考虑相应提高产品的销售价格，以弥补营业成本上升的影响。

4. 财务报表分析的注意事项

（1）财务报表分析是一个研究推理过程，不是简单地将众多指标罗列在一起。对财务报表进行分析，要确定分析的项目及阅读对象，梳理分析思路，收集进行分析所需的相关资料，并运用合适的分析方法，将财务分析的结果用财务语言表达出来。

（2）财务人员思考问题的方式要先从业务出发，并分析企业所处行业，不能单纯只看财务数据及资料。财务分析的基础数据不能只局限于财务报表，而应扩大到一切能得到的公司生产运营的信息和数据。关于企业的生产经营，业务部门掌握着第一手资料，财务部门掌握的多是二手资料，财务部门需要以原始的生产经营信息还原生产经营状况。

（3）企业定位决定财务定位，企业所关注的就是财务分析人员应当关注的。财务的职能越来越倾向于参与企业的经营管理，且提供决策建议的分量逐渐增大。因此，关注行业发展动态，了解企业的发展战略和企业所处的发展阶段，对于财务人员的综合管理素质要求越来越高，财务职能所发挥的作用也越来越大。

（4）财务报表分析的目的是为企业的经营管理及战略决策提

供支持。财务分析的目的是给企业高层提供决策支持，因此，必须在找出问题原因后，提供解决方案和建议，该方案还需提供足够的证明材料，使管理层能充分信任并接受该解决方案。没有解决方案的财务分析，是缺少价值的。不能对经营决策产生影响的财务分析，只是纸上谈兵。

|第三章|

F I N A N C 3 E

资产管理 推动产业平衡布局

在企业的财务管理中，资金始终是一项值得高度重视的资产，是企业赖以生存和发展的血液，是财务管理的核心内容。

资金管理的好坏不仅是衡量一个企业财务管理水平的重要标志，而且还直接影响企业的经济效益。

资金是企业的血液

资金是企业生存和发展的重要基础，被视为企业生产经营的血液，一直受到企业的高度重视。

1. 资金对企业的影响

（1）资金关系企业的生死存亡。资金活动影响企业生产经营的全过程。企业生产经营活动的开展，总是依赖于一定形式的资金支持；生产经营的过程和结果，也是通过一定形式的资金活动体现出来。

（2）资金内部控制最关键。由于影响企业资金活动的因素很多，涉及面很广，不确定性很大，因此，企业资金活动的管理和控制面临的困难也很大。

> 2004 年 10 月 10 日，中航油首次向中航油集团呈交报告，说明了交易情况及面对的 1.8 亿美元的账面损失，已缴付了期货交易的 8000 万美元补仓资金。同时，公司需要面对严重的现金流问题，因为已接近用罄 2600 万美元的营运资金、1.2 亿美元的银行贷款及 6800 万美元的应收贸易款。上述数据从未向其他股东及公众披露。

中航油的财务事实表明，资金的内部控制失效，轻则带来巨额损失，重则可能将企业的百年基业毁于一旦。可见，资金活动及其内部的管控情况，对企业的生产经营影响巨大。

2. 加强企业的资金管理

加强资金管理的要点如图 3-1 所示。

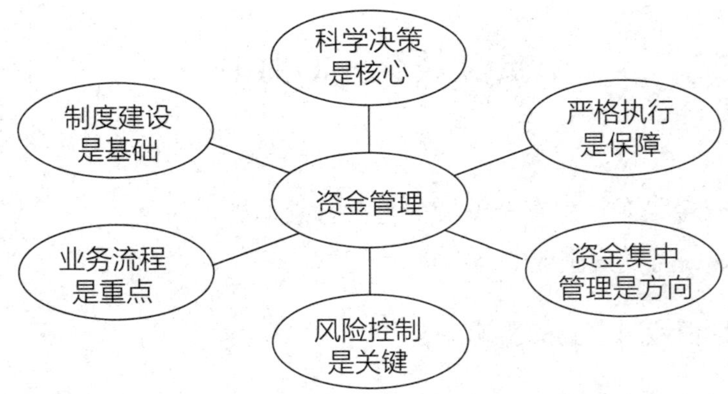

图 3-1 企业的资金管理示意图

（1）科学决策是核心。企业应当根据自身发展战略，综合考虑宏观经济政策、市场环境、环保要求等因素，结合本企业发展实际，科学确定投融资目标和规划。如果目标不明确，决策不正确，控制措施就难以执行到位，资金活动将难以顺利进行。

2017 年上半年，乐视财务危机把中国互联网行业搅得天翻地覆。乐视在这半年之中到底经历了什么呢？

2017 年 1 月，乐视的合作伙伴法拉第未来公司发布了 FF91。虽然这不是乐视超级汽车，但贾跃亭还是在发布会上做了简短发言。不过令人郁闷的是，他亲自演示的自动泊车失败。在某些臆想者看来，这似乎就此揭开了乐视财务危机的序幕。

2017 年 1 月中旬，乐视获得了包括融创中国在内的 168 亿元的战略投资。但后来发现，这次注资实际上是乐视“最后一个好消息”。

2017 年 4 月中旬，易到前 CEO 周航发表公开声明，称易到“确实存在着资金问题，而这个问题最直接的原因是乐视对易到的资金挪用 13 亿”，矛头直指乐视控股及 CEO 贾跃亭。

2017 年 5 月中旬，乐视大规模裁员。具体涉及乐视旗下乐视网、乐视控股、乐视体育等多家公司。腾讯科技的消息列出了具体裁员数字：包括乐视控股体系中的市场品牌中心裁员幅度 70%，销售服务体系裁员幅度 50%，乐视体育裁员 70%，乐视网裁员 10%。

2017 年 6 月，乐视财务危机彻底爆发。贾跃亭夫妇及乐视系 3 家公司的 12.37 亿资产被司法冻结。贾跃亭卸任法人代表。大家的关注点从“乐视究竟会走向何方”已经变成了“到底能不能够偿还”。

一位业内人士说：“如果一家公司的财务有这些问题，你怎么相信它的产品是可靠的呢？”这也是乐视折戟的根本原因。

（2）制度建设是基础。企业资金活动的内部控制制度主要涉及资金授权、批准、审验等方面。比如，通过资金集中归口管理制度，明确筹资、投资、营运等各环节相关部门和人员的职责权限；通过不相容岗位分离制度，形成有力的内部牵制关系；通过严格的监督检查和项目后评价等制度，跟踪资金活动内部控制的实际情况，据以修正制度、改善控制效果。

（3）业务流程是重点。企业在设计资金活动的相关内控制度时，应该重点明确各种资金活动的业务流程，确定每一个环节、每一个步骤的工作内容和应该履行的程序，并将其落实到具体部门和人员。

此外，在设计资金活动业务流程的同时，要充分考虑相关生产经营活动的特征，根据生产经营活动的流程设计合理的资金控制流程。

（4）风险控制是关键。企业明确业务流程以后，应该针对流程中的每一个环节、每一个步骤，认真细致地进行分析，根据不确定性的大小、危害性的严重程度等，明确关键的业务、关键的程序、关键的人员和岗位等，从而确定关键的风险控制点；然后针对关键风险控制点制定有效的控制措施，集中精力管控住关键风险。

（5）资金集中管理是方向。无论是企业相对其内部部门和分支机构，还是企业集团相对其子公司，都应该加强资金的集中统一管控。企业有子公司的，更加应当采取合法有效措施，强化对子公司资金业务的统一监控；有条件的企业集团，应当探索财务公司、资金结算中心等资金集中管控模式。

（6）严格执行是保障。为了加强对资金活动的管控，促使资金活动内部控制制度得到切实有效的实施，企业财会部门应负责资金活动的日常管理，参与投融资方案等的可行性研究并严格执行；总会计师或分管会计工作的负责人应当参与投融资的决策过程。

找到最佳现金持有量

最佳现金持有量，又称最佳现金余额，是指现金满足生产经营的需要，又使现金使用的效率和效益最高时的现金最低持有量，即能够使现金管理的机会成本与转换成本之和保持最低的现金持有量。

确定最佳现金持有量的模式主要有成本分析模式、存货模式、现金周转模式及随机模式。

1. 成本分析模式

成本分析模式是通过分析持有现金的成本，将持有现金的总成本最低时的现金持有量作为最佳的现金持有量。

持有现金的成本主要有资本成本、管理成本和短缺成本。现金持有量越多，资本成本就越高，而短缺成本就越低。

企业现金成本的具体情况如表 3–1 所示。

表 3–1 企业持有现金的成本

成本种类	含义	与现金持有量的关系
资本成本	持有现金的成本。主要体现在由于选择持有现金而使企业丧失的其他投资机会可能带来的收益等	同向变化关系
管理成本	管理现金的各种开支。具体包括财务管理人员工资、现金管理安全防范支出等	无明显的比例关系
短缺成本	缺乏现金的代价。主要表现为现金短缺造成生产停滞等问题而使企业蒙受的损失等	反向变化关系

运用成本分析模式确定最佳现金持有量的步骤是：

首先，根据不同现金持有量测算并确定有关成本数值；

其次，按照不同现金持有量及其有关成本资料编制最佳现金持有量测算表；

再次，在测算表中找出总成本最低时的现金持有量，即最佳现金持有量。在这种模式下，最佳现金持有量，就是持有现金而产生的机会成本与短缺成本之和最小时的现金持有量。

某企业总经理目前有四种现金持有方案可供选择，根据企业以往的经验，各种方案下现金持有量的机会成本和短缺成本如表 3-2 所示，其中机会成本是按照企业的平均资本收益率 12% 确定的。由于财务部门的规模及人员工资等是固定的，因此现金的管理成本在四种情况下是一样的。

那么，总经理应该选择哪种方案呢?

表 3–2 不同方案下现金持有成本

单位：元

方案	A	B	C	D
现金持有量	25 000	50 000	75 000	100 000
机会成本	3 000	6 000	9 000	12 000
管理成本	20 000	20 000	20 000	20 000
短缺成本	12 000	6 750	2 500	0
总成本	35 000	32 750	31 500	32 000

企业现金持有量越多，机会成本就越高，因为持有过多现金会丧失进行其他投资的机会。但同时，短缺成本最小，因为发生资金困难的可能性很小。综合这四种情况进行分析，其中 C 方案下现金持有量的总成本最低，因此可以确定公司的最佳现金持有量为 75 000 元。

2. 存货模式

存货模式，是将存货经济订货批量模型原理用于确定目标现金持有量，其着眼点也是现金相关成本之和最低。

运用存货模式确定最佳现金持有量时，是以下列假设为前提的：

（1）企业所需要的现金可通过证券变现取得，且证券变现的不确定性很小；

（2）企业预算期内现金需要总量可以预测；

（3）现金的支出过程比较稳定、波动较小，而且每当现金余额降至零时，均通过部分证券变现得以补足；

（4）证券的利率或报酬率，以及每次的固定性交易费用可以获悉。

如果以上这些条件基本能得到满足，企业便可以利用存货模式来确定最佳现金持有量。

3. 现金周转模式

现金周转模式是按现金周转期来确定最佳现金余额的一种方法。现金周转期是指现金从投入生产经营开始，到最终转化为现金的过程。

现金周转期＝存货周转期＋应收账款周转期－应付账款周转期

最佳现金余额＝（年现金需求总额÷360）×现金周转期

现金周转模式操作比较简单，但该模式要求有一定的前提条件：

首先，必须能够根据往年的历史资料准确测算出现金周转次数，并且假定未来年度与历史年度周转次数基本一致；

其次，未来年度的现金总需求应根据产销计划比较准确地预计。

如果未来年度的周转效率与历史年度相比发生了变化，但变化是可以预计的，那此种模式仍然可以采用。

4. 随机模式

随机模式是在现金需求难以预知的情况下进行的现金持有量确定的方法。企业可以根据历史经验和需求，预算出一个现金持有量的控制范围，制定出现金持有量的上限和下限，争取将企业的现金持有量控制在这个范围之内。

随机模式的原理：制定一个现金控制区域，定出上限与下限，即现金持有量的最高点与最低点。当余额达到上限时将现金转换为有价证券，降至下限时将有价证券换成现金。

随机模式的范围：企业未来的现金流量呈不规则波动、无法准确预测的情况。

综合上述，就企业而言，现金的最佳持有量意味着现金余额为零。但是，基于交易、预防、投资动机的要求，企业又必须保持一定数量的现金。企业能否保持足够的现金余额，对于降低或避免经营风险与财务风险具有重要意义。

预测未来现金流

企业的现金流预测，是对未来几个月或几个季度内企业资金的流出与流入情况进行预测，其目的是合理规划企业的现金收支，协调现金收支与经营、投资、融资活动的关系，保持现金收支平衡和偿债能力，同时也为企业的现金控制提供依据。

1. 现金流预测的内容

企业预测的资产未来现金流应当包括下列几项内容：

（1）资产持续使用过程中预计产生的现金流入。

（2）为实现资产持续使用过程中产生的现金流入所必需的预计现金流出（包括为使资产达到预定可使用状态所发生的现金流出）。

（3）资产使用寿命结束时，处置资产所收到或者支付的净现金流。该现金流应当是在公平交易中，熟悉情况的交易双方自愿进行交易时，企业预期可从资产的处置中获取或者支付的、减去预计处置费用后的金额。

（4）内部转移价格应予以调整。在部分企业或者企业集团中，出于整体战略发展的考虑，某些资产生产的产品或者其他产出可能是供企业或者企业集团内部其他企业使用或者对外销售的，所确定的交易价格或者结算价格基于其内部转移价格，而内部转移价格很可能与市场交易价格不同，在这种情况下，为了如实测算企业资产的可收回金额，企业不应当以内部转移价格为基础预计资产未来现金流，而应当采用在公平交易中企业管理层能够达成的最佳的未来价格估计数进行预计。

企业现金流预测报告的编制可以参考表 3–3 所示。

表 3–3 现金流预测报告

× 年 × 月 × 日

日期	往来单位	应收款项	现金余额	银行存款余额	账面余额合计	可用款项

2. 现金流预测的方法

（1）折现率预测法。预计资产未来现金流，通常应当根据资产未来每期最有可能产生的现金流进行预测。它使用的是单一的未来每期预计现金流和单一的折现率预计资产未来现金流的现值。

甲企业拥有 A 固定资产，该固定资产剩余使用年限为 3 年，企业预计未来 3 年里在正常的情况下，该资产每年可为企业产生的净现金流分别为：第 1 年 100 万元；第 2 年 50 万元；

第 3 年 10 万元。该现金流通常即为最有可能产生的现金流，企业应以该现金流的预计数为基础计算 A 固定资产的现值。

（2）期望预测法。有时影响资产未来现金流的因素较多，情况较为复杂，带有较大的不确定性，为此，使用单一的现金流预测法可能无法如实反映资产创造现金流的实际情况。

在这种情况下，企业应当采用期望现金流法预测资产未来现金流。在期望现金流法下，资产未来每期现金流应当根据每期可能发生情况的概率及其相应的现金流加总计算求得，计算加权平均数。

某货运汽车 2007 年在市场行情好时取得的现金流为 10 万元，好的市场行情出现的可能性为 20%；在市场行情一般情况下取得的现金流为 8 万元，其出现的可能性为 70%；市场行情差时取得的现金流为 6 万元，其出现的可能性为 10%，则 2007 年该货运汽车带来的现金流＝ 10×20% ＋ 8×70% ＋ 6×10% ＝ 8.2（万元）。

3. 现金流预测的注意事项

（1）以资产的当前状况为基础。企业资产状况在使用过程中有时会因为改良、重组等原因而发生变化，但在预计 资产未来现金流时，应以资产的当前状况为基础，不应包括将来可能会发生的、尚未做出承诺的重组事项或者与资产改良有关的预计未来现金流。

企业未来发生的现金流出，如果是为了维持资产正常运转或者资产正常产出水平而必要的支出或者属于资产维护支出，应当在预计资产未来现金流时将其考虑在内。

（2）不应包括筹资活动和所得税收付产生的现金流。企业预计的资产未来现金流，不应包括筹资活动产生的现金流入或者流出，以及与所得税收付有关的现金流，因为所筹集资金的货币时间价值已经通过折现方式予以考虑，而且折现率是以税前基础计算确定的，现金流的预计基础应当与其保持一致。

（3）对通货膨胀因素的考虑。企业在预计资产未来现金流和折现率时，考虑因一般通货膨胀而导致物价上涨的因素，应当采用一致的基础。如果折现率考虑了因一般通货膨胀而导致的物价上涨影响因素，资产预计未来现金流也应予以考虑；如果折现率没有考虑因一般通货膨胀而导致的物价上涨影响因素，资产预计未来现金流应当剔除这一影响因素。

总之，在考虑通货膨胀影响因素的问题上，资产未来现金流的预计和折现率的预计，应当保持一致。

现金循环周期的作用

现金循环周期是企业在经营中从付出现金到收到现金所需的平均时间。它决定着企业资金的使用效率。绩优企业在现金周期上比一般企业少 40~65 天。可以说，现金周期缩短是企业效益提升的一个关键指标。

企业经营管理过程中，现金循环周期是一个十分敏感的指标，其变化会直接影响所需营运资金的数额。

一般来说，存货周转期和应收账款周转期越长，应付账款周转期越短，所需营运资金数额就越大；相反，存货周转期和应收账款周转期越短，应付账款周转期越长，所需营运资金数额就越小。此外，营运资金周转的数额还受到偿债风险、收益要求和成本约束等因素的制约。

1. 现金循环周期的过程

现金循环周期的过程为：现金流出购买原材料，现金变为原材料及库存停留在企业内部，再变为销售的应收款及最终回款，又变回现金。现金循环周期显示了作为企业血液的资金的流动状态，流动得越快，现金的使用效率越高，运营效率也越高；流动得越慢，现金的使用效率越低，运营效率也越低。

现金循环周期计算公式为：

现金循环周期＝存货周转天数＋应收账款周转天数－应付账款周转天数＝生产经营周期－应付账款平均付款期

例如，超市的现金循环周期一般为负数，比如负 25 天，这说明它依赖其所掌握的卖场资源，在与供应商的谈判中形成压倒性优势，它做生意是靠占用供应商的资金，可以不用自己的钱，而且应付账款是无须支付利息的负债，而供应商却因此形成了大量的应收账款。

企业现金循环周期流程如图 3–2 所示。

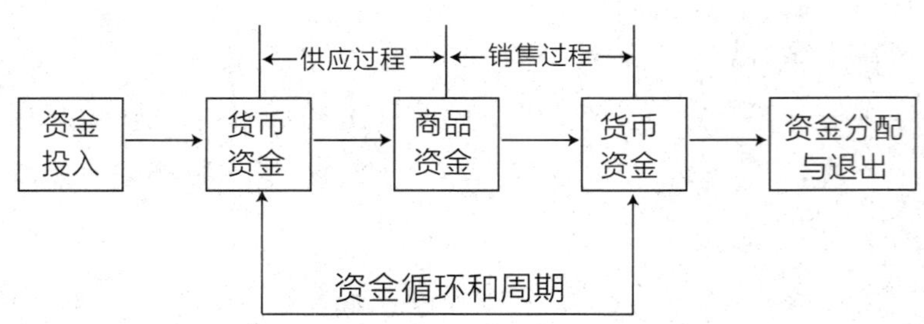

图 3–2　现金循环周期流程

2. 现金循环周期的作用分析

下面我们用一则案例来说明。

假定有一家生产个人电脑的公司，预测市场需求为 100 部，以下步骤决定了其未来可产生的现金流量，并显示出其生产决策对公司流动资金地位的影响。

公司订购生产100部电脑所需的零组件，因电脑行业采购原料、零件习惯上实行信用赊购方式，因而此项交易仅发生应付账款，对现金流量并无立即影响。

组装零件成为电脑成品，需要雇佣若干劳动力，产品完成时，工资并未全部支付，因而一部分发生应付工资。

电脑成品以信用销售方式售出，因而发生应收账款，并无立即现金流入；

在生产过程中的某一阶段，在收回应收账款之前，公司必须支付应付账款及应付工资，因而发生净现金流出。此项现金流出须向银行借款融资。

当公司收回应收账款时，流动资金的现金流程循环已经完成。此时公司有能力偿还借款，此项借款的目的在于协助生产的进行及营运周转。

电脑公司进行产销活动，把零组件及人工转换为现金的过程，称为现金转换循环。

本节中运用了若干术语，这里分别做一下解释。

存货转换期间：是指把原物料或零组件制造为产品，并将产品售出所需的时间；销货/存货＝存货周转率，存货周转次数愈多，代表该企业推销商品的能力及经营绩效越佳，因此存货转换期间不宜过长。

应收账款转换期间：是指应收账款收回现金所需的时间，又称为销货悬账天数。

销货/应收账款＝应收账款周转率，应收账款周转率越高，表示企业收账的速度及效率越佳。假定销货悬账天数为54天，就是指销货发生的应收账款转换为现金，需要54天时间。

存货转换期间与应收账款转换期间合称为营业循环周期。

应付账款递延期间：是指自购进原料或雇佣人工至支付价款及工资所递延的平均天数。一般公司支付购料价款及工资的递延期间，通常为30天。

现金循环周期包括上述三个期间，其长度等于自公司购买（生产所需资源）原材料及人工支付现金之日起，至销售产品收回价款之日止所经过的天数，可以衡量公司的现金冻结在流动资产上的时间长短。

公司管理者及财务管理人员对现金循环周期应有正确认知，因为周转期的长短关系到资金冻结时间的长短，影响资金成本及运用效益。财务管理人员应研究缩短周期的可能途径，以提高资金运用效率及营运收益。

因此，缩短存货周转期和应收账款周转期，延长应付账款付款期，是缩短现金循环周期的基本途径。

企业可以根据自身的实际情况，压缩收款流程、优化贷款支付过程，如利用现金浮余量，支付账户集中、展期付款、设立零余额账户、远距离付款等方法，在合理的范围内尽量延长贷款支付的时间，加速现金流的周转，相应提高现金的利用效果，从而增加企业的收益。

影响现金循环的因素

现金循环分为两种：一种是短期现金循环，另一种是长期现金循环。短期现金循环是指现金循环周期不超过一年的循环。长期现金循环是指现金循环周期超过一年的循环。无论是哪种现金循环，当产品价值实现而产生现金流入时，都要重新在新一轮循环中参与不同性质的非现金转化，这一过程导致了企业现金流不平衡。

具体来说，影响企业现金循环的因素可分为两个大的方面。

1. 影响企业现金流转的内部因素

（1）盈利企业的现金流转。盈利企业，如不打算扩充规模，其现金流转一般比较顺畅。它的短期循环中的现金收支大体平衡，税后净利使企业现金多余出来，长期循环中的折旧、摊销等也会积存现金。

盈利企业也可能由于抽出过多现金而发生临时流转困难。例如，付出股利、偿还借款、更新设备等。此外，存货变质、财产失窃、坏账损失、出售固定资产损失等，会使企业失去现金，并引起流转的不平衡。

（2）亏损企业的现金流转。从长期来看，亏损企业的现金流转是不可能维持的。从短期来看，又分为两类：一类是亏损额小于折旧额的企业，在固定资产重置以前可以维持下去；另一类是亏损额大于折旧额的企业，不从外部补充现金将很快破产。

（3）扩充企业的现金流转。任何要迅速扩大经营规模的企业，都会遇到相当严重的现金短缺情况。固定资产扩充、存货增加、应收账款增加、营业费用增加等，都会使现金流出扩大。财务管理者的任务不仅仅是维持当前经营的现金收支平衡，而且要设法满足企业扩大的现金需要，并且力求使企业扩充的现金需求不超过扩充后新的现金流入。

现金循环的影响因素可用图 3-3 直观表现出来。

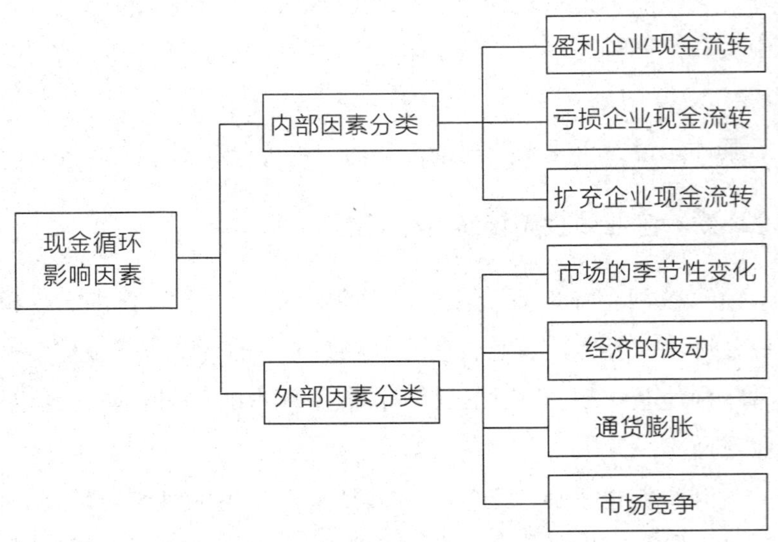

图 3–3 现金循环流程图

2. 影响企业现金流转的外部因素

（1）市场的季节性变化。通常来讲，企业的生产部门力求全年均衡生产，以充分利用设备和人工，但销售总会有季节性变化。因此，企业往往在销售淡季现金不足，销售旺季过后保存过剩现金。

企业的采购所需现金流出也有季节性变化，尤其是以农产品为原料的企业更是如此。集中采购而均匀耗用，使存货数量周期性变化；采购旺季有大量现金流出，而现金流入不能同步增加。

企业人工等费用的开支也会有季节性变化。有的企业集中在年终发放资金，要用大量现金；有的企业利用节假日加班加点，要加倍付薪；有的企业使用季节性临时工，在此期间人工费大增。财务主管要对这些变化事先有所准备，并留有适当余地。

（2）经济的波动。任何国家的经济发展都会有波动，时快时慢。在经济收缩时，销售下降，进而生产和采购减少，整个短期循环中的现金流出减少了，企业有了过剩的现金。如果预知不景气的时间很长，推迟固定资产的重置，折旧积累的现金也会增加。这种财务状况给人以假象。随着销售额的进一步减少，大量的经营亏损很快会接踵而来，现金将被逐步销蚀掉。

（3）通货膨胀。通货膨胀会使企业遭遇现金短缺的困难。由于原料价格上升，保持存货所需的现金增加；人工和其他费用的现金支付增加；售价提高使应收账款占用的现金也增加。企业唯一的希望是利润也会增加，否则，现金会越来越紧张。

（4）市场竞争。竞争会对企业的现金流转产生不利影响。但是，竞争往往是被迫的，企业经营者不得不采取他们本来不想采取的方针。例如，价格竞争会使企业立即减少现金流入。在竞争中获胜的一方会通过多卖产品挽回其损失，实际是靠牺牲别的企业的利益加快自己的现金流转。失败的一方，不但蒙受价格下降的损失，还会受到销量减少的打击，现金流转可能严重失衡。

健康、良性的现金循环策略

许多企业老板都明白一个道理，企业不怕经营负债、不怕亏损，就怕现金周转不灵。资金链一断，企业就会陷入困境，面临破产，此类例子举不胜举。

那么，如何才能让现金健康良性循环呢？

固定资产、无形资产和其他资产属长期资产，其价值转移需要较长的时期，因而构成了企业的长期资金循环。我们在此主要讨论企业的短期资金循环。

1. 现金短期循环的内容

虽然不同企业的生产经营状况各不相同，但它们的现金循环形式却基本类似，即：现金→存货→现金。现金短期循环中的实物消耗与价值补偿是一次完成的。

在企业的实际生产经营活动中，现金的短期循环比较复杂，主要表现在：

企业购买原材料时，企业并不总是立即支付货款，经常会推迟付款时间，由于赊销的存在，会产生信用风险，产品销售的时候也不是立即转化为现金，而是转为应收账款或应收票据，然后再恢复为现金的循环过程。这样就拉长了现金流量循环的周期，现金可能不会完全得到回收而发生坏账现象，从而导致严重的后果，造成有一部分现金会漏损出现金流量循环的系统。

所以，短期周转资金在生产经营中的占用量，取决于企业的生产经营规模，同时也受到资金周转速度的影响。若企业供、产、销业务链顺畅，完成同样的销售额可占用较少的资金量；若企业供、产、销业务链出现问题，现金循环在运转过程中就会受阻，企业变现能力则会降低，不得不过多依赖借款，这样一来，资金占用量就随之增多，持续下去后果不堪设想。

爱多 VCD 是 20 世纪末曾经风光一时的品牌。1996 年，爱多公司花 450 万元请著名影星成龙拍摄广告片，又花费 8200 万元在央视投放广告。广告播出后效果明显，企业销售额迅速攀升。1997 年，爱多 VCD 的销售额迅速从 1996 年的约 2 亿元猛增至 16 亿元。1997 年底，爱多公司总经理胡志标一掷千金，以 2.1 亿元广告费夺得央视 1998 年广告“标王”，震惊业内外，“爱多”也借此成为中国家喻户晓的电器品牌。

但好景不长，公司业务迅速扩张与资金紧张的矛盾逐渐显现。自 1998 年起，国内 VCD 市场开始萎缩，于是，爱多公司开始实施多元化发展战略，宣布进入数码电视、音响设备等领域。

到了 1999 年，爱多公司的资金问题日趋明显。为此，胡志标想了各种办法，例如，从银行贷款、向其他公司借款等，也正因为如此，爱多公司的债务迅速增加。

据中山市乡镇企业局统计，1999 年，爱多公司的所有资产总计 2.2 亿元，负债 4.15 亿元，资产负债率高达 188%，资不抵债达 1.95 亿元。而实际上，企业在申请贷款时，银行一般要求其资产负债率不得超过 70%，否则将拒绝发放贷款。

由于资金紧张，爱多公司长期拖欠供应商、代理商货款。为了应付供应商的不断催款，胡志标明知其银行账户资金不足，仍开出了一张长达三个月的空头支票。三个月到期后，这张空头支票无法兑现。最终，供应商一纸诉状将爱多公司及其总经理胡志标告上法庭。结果，爱多公司倒闭，胡志标本人也以票据欺诈罪及另外两项罪名被判入狱。

现金对一个企业来说异常重要，它可以用来支付工资，维持基本的成本开支，支付银行利息和企业货款。只要企业储备充足的现金支付急需的开支，就不会出现债权纠纷，企业也就能顺利生产经营，维持正常运转。而爱多公司在市场和技术发生变化的情况下，对现金流的管理缺乏应对措施，最终使得公司破产，胡志标本人也锒铛入狱。

2. 现金短期循环的管理策略

（1）优化客户结构，调整销售策略。优化客户结构一是要盘点现有客户，淘汰支付能力差、信用不良的合作伙伴；二是调整货款结算政策，尽可能现款结算，给予现款结算一定的返利政策；

三是革新渠道，加大资金结算快、流通快的渠道投入和政策倾斜；四是保持企业主营业务健康稳定地发展，即保持企业的内部产生现金流的能力。

现金短期循环的管理策略可用图 3-4 表示。

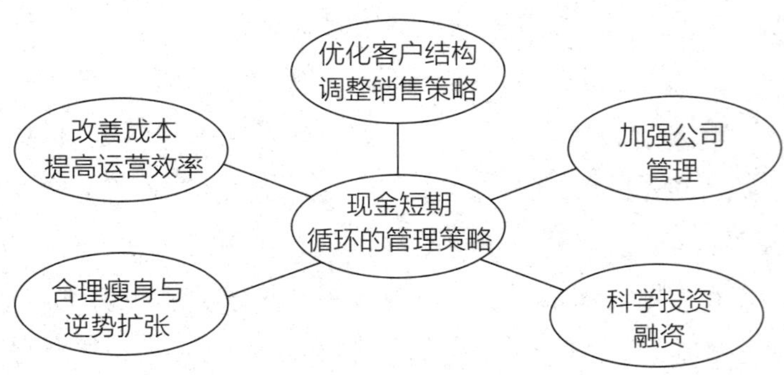

图 3-4　现金短期循环的管理策略

（2）改善成本，提高运营效率。优化管理流程，调整组织结构，加强绩效管理，建立知识管理系统，推进企业内部的信息化建设等，都是全方位改善成本，提高运营效率的有效方式。

（3）合理瘦身与逆势扩张。对于一个高负债低现金的企业而言，重新审视过去的投资行为，淘汰粗放式运营管理的下游客户，出售相关资产或者关闭生产线，可以快速缓解现金的饥渴，在决定出售什么资产、出售多少之前，必须进行谨慎的价值贡献分析，抛弃长期对企业价值贡献为负值的资产，才能使优质资产得到保全从而带来新生的机会。

（4）科学投资融资。当企业进行长期投资需要外部现金流支撑时，要考虑企业融资模式是否健全，是靠股权融资、短期借贷还是长期借贷，因为，不同的选择方式会有不同的结果，而现金流的风险也会有不同的表现。特别要警惕没有融资就进行大量的投资行为。

（5）加强公司管理。当企业拥有大量的现金流时，要考虑能否合理利用现金流以提高使用的合理性。多余的现金能否投入到增加产能或相关的固定资产类投资上，投入到一些必要和相关的投资补充上，以强化对市场的控制力，符合企业未来的发展战略。

妥善管理银行里的存款

中小企业融资难，为解决这一问题，中小企业应侧重从自身内部挖掘资金潜力，加快资金周转。银行存款作为中小企业资金运营的主渠道，应发挥更加直接的作用。因此，资金紧张的中小企业在银行存款的管理上应更加严格，要把每一分钱都真正用在刀刃上。

1. 银行存款

银行存款就是指企业存放在银行或其他金融机构的货币资金。按照国家有关规定，凡是独立核算的企业单位，均应在所在地银行申请开立银行存款结算账户。

企业在银行开设账户以后，除了按规定可用于现金收付的款项以外，企业在生产经营过程中发生的一切货币收支业务，都必须通过银行存款账户进行结算。

2. 开设银行存款账户

基本存款账户的开设。基本存款账户是指存款人办理日常转账结算和现金收付的账户。企业的工资、奖金等现金的支取，只能通过基本存款账户办理。

一般存款账户的开设。一般存款账户是指企业在基本存款账户以外的银行借款转存、与基本存款账户的存款人不在同一地点的附属非独立核算单位开立的账户。该账户可以办理转账结算和现金缴存，但不能办理现金支取。

临时存款账户的开设。临时存款账户是指企业因临时经营活动需要而开立的账户。企业可以通过该账户办理转账结算和根据国家现金管理规定办理现金收付。

专用存款账户的开设。专用存款账户是指存款人因特定用途需要而开立的账户。

3. 银行存款收付核算

银行存款的收付业务应由出纳人员负责。出纳人员在收付银行存款业务前，应认真审核银行存款收付原始凭证是否符合相关规定，手续是否齐备，如有不符，有权拒绝收付。对于符合规定及手续齐备的银行存款收付原始凭证，应办理结算手续，并在收付款凭证上注明结算凭证号数，加盖“收讫”或“付讫”印章。

（1）科目设置。

为了总括反映和监督企业银行存款的收入、支出和结存情况，企业应设置“银行存款”科目。该科目的借方登记银行存款的增加额，贷方登记银行存款的减少额；期末余额在借方，反映企业银行存款的结存数额。

银行本票存款、银行汇票存款、信用卡存款、信用证保证金存款、存出投资款等，在“其他货币资金”科目核算。不在本科目核算。

（2）账务处理。

银行存款业务的基本账务处理为：将款项存入银行或收到款项时，借记“银行存款”科目，贷记“库存现金”“应收账款”等科目；从银行提取款项或以银行存款支付款项时，借记“库存现金”“应付账款”等科目，贷记“银行存款”科目。

【例】2007 年 1 月 5 日，甲企业接到银行通知，收到乙公司欠货款 200 000 元。根据上述经济业务，甲企业应做如下账务处理：

借：银行存款　　　　　　200 000

　　贷：应收账款—乙公司　　　　200 000

【例】2007 年 1 月 6 日，甲企业以银行存款支付欠丙公司货款 500 000 元。根据上述经济业务，企业应做如下账务处理：

借：应付账款—丙公司　　　　500 000

　　贷：银行存款　　　　　　500 000

企业发生的存款利息，应根据银行通知及时编制收款凭证，借记“银行存款”科目，贷记“财务费用”科目。

【例】2007 年 2 月 1 日，接到银行通知，上月银行存款利息收入 3 800 元。根据上述经济业务，企业应做如下账务处理：

借：银行存款　　　　3 800

　　贷：财务费用　　3 800

4. 银行存款余额的清查

为了防止记账发生差错，正确掌握银行存款实际数额，企业应定期与银行核对账目（至少每月核对一次），对银行存款进行清查。

企业对账单可以参考表 3-4 来编制。

表 3–4 企业对账单

日期	凭证号	摘要	借方	贷方	方向	余额	标记
2016–3–1		期初余额			借	100 000.00	
2016–3–1	银付 –001	付料款		30 000.00	借	70 000.00	√
2016–3–1	银付 –002	付料款		20 000.00	借	50 000.00	√
2016–3–1	银付 –001	收销货款	10 000.00		借	60 000.00	√
2016–3–2	银付 –002	收销货款	20 000.00		借	80 000.00	√
2016–3–2	银付 –003	交税金		80 000.00	借	0.00	√
2016–3–3	银付 –003	收销货款	60 000.00		借	60 000.00	
2016–3–3	银付 –004	取备用金		20 000.00	借	40 000.00	
2016–3–5		期末余额			借	40 000.00	

银行存款清查的方法，是企业定期将银行存款日记账的记录同开户银行传来的对账单进行核对。企业的银行存款日记账与银行对账单核对时，首先要剔除未达账项的影响。所谓未达账项，是指由于企业与银行取得有关凭证的时间不同而发生的双方记账时间不同，即发生的一方已入账，而另一方尚未入账的事项。企业与银行之间的未达账项有以下四种情况：

企业已收款入账，而银行尚未收款入账。如企业已将销售产品收到的支票送存银行，但对账前银行尚未入账。

企业已付款入账，而银行尚未付款入账。如企业开出支票购货，并已根据支票存根入账，但银行因尚未接到支票而未入账。

银行已收款入账，而企业尚未收款入账。如银行收到外单位用托收承付结算方式购货所支付的款项并入账，但企业因尚未收到银行通知而未入账。

银行对账单通常以表 3–5 的形式编制。

表 3–5 银行对账单

日期	凭证号	摘要	借方	贷方	方向	余额	标记
2016–3–1	期初余额				贷	100 000.00	
2016–3–2	转支	0000501	30 000.00	30 000.00	贷	70 000.00	√
2016–3–2	转支	0000602	20 000.00	20 000.00	贷	50 000.00	√
2016–3–2	收入存款	0000103		10 000.00	贷	60 000.00	√
2016–3–3	收入存款	0000544		20 000.00	贷	80 000.00	√
2016–3–3	转支	0000185	80 000.00		贷	0.00	√
2016–3–4	收入存款	0000066		80 000.00	贷	80 000.00	
2016–3–4	付出	0000207	70 000.00		贷	10 000.00	
2016–3–5	期末余额				贷	10 000.00	

银行已付款入账，而企业尚未付款入账。如银行已经代企业支付了水电费，但企业因尚未收到凭证而未入账。

上述的第一种情况和第四种情况，会使得企业账面的存款余额大于银行对账单的存款余额；第二种情况和第三种情况，会使得企业账面的存款余额小于银行对账单的存款余额。

为了排除未达账项的影响，检查双方账目是否有误，企业需要编制“银行存款余额调节表”进行检查核对。

|第四章|

F I N A N C E

账款催收 为发展注入“活水”

4

在当前的市场经济形势下，应收账款通常占用了企业一部分流动性较强的货币资金，并增加了企业管理应收账款的成本。

因此，企业应加强应收账款的催收工作，这不仅可以降低企业的经济负担，提高经济效益，还能保证企业经营的合理性与有效性，使企业健康运转。

高度重视应收账款

应收账款是指企业对外销售产品，提供劳务所形成的尚未收回的被购货单位、接收劳务单位所占有的本企业资金。

企业应收账款的产生，主要同销售与收款的时间差、商业竞争等因素有关。其中，销售与收款的时间差是指企业商品的成交时间与收到货款的时间不一致，从而造成了应收账款的发生。而这种原因所产生的应收账款，大多是针对大量生产批发企业而言。

另外，商业竞争也是导致企业发生应收账款的主要原因。企业之间的竞争日益激烈，使得企业不得不采取各种措施来扩大销售，而赊销自然成为企业竞争中采取的必要手段。当企业以大量的赊销或其他优惠方式来扩大销售、招揽客户时，应收账款也就产生了。

可以说，应收账款对企业的长效、可持续发展有着重大、积极的影响，但与此同时，应收账款也存在着很大的风险。

1. 应收账款的风险

应收账款风险，是指由于企业应收账款所引起的坏账损失、资金成本和管理成本的增加。应收账款的风险与应收账款的规模成同比例增长，企业利用商业信用实现的销售额越大，承受的应收账款风险就越高。

（1）应收账款占有流动资金数额大，加剧了企业周转资金不足的困难。企业在赊销产品时，发出存货，货款却不能同时收回，而企业对逾期不还款的客户不能采取相应措施，致使企业流动资金被大量占用，长此以往，必将影响企业流动资金的周转，导致企业货币资金短缺，从而影响企业的正常开支和正常生产经营。

（2）应收账款增加了企业现金流出的损失。从赊销的账务处理可以看出赊销虽然使企业产生了较多的收入，增加了利润，但没使企业的现金流入增加，反而使企业不得不垫付资金来缴纳各种税金和支付费用，加速了企业的现金流出。

（3）应收账款增加了企业资金的机会成本损失。一方面，被应收账款占用的资金，客观上要求在经营中加速周转，得到回报，但由于应收账款的大量存在，特别是逾期应收账款的比例在不断上升，导致被占用在应收账款上的资金丧失了其时间价值。另一方面，因应收账款而引起在催收过程中，迫使企业不得不投入大量的人力、物力和财力，加大了催收成本；同时，因大量资金被沉淀，借款时间被延长，增加了利息费用。由于各种成本费用加大，使得资金丧失了盈利机会，增加了资金的机会成本。

2. 应收账款的产生原因

（1）企业追求片面的竞争，缺乏风险防范意识。在现代社会激烈的竞争机制下，企业为了扩大市场占有率，不但要在成本、价格上下功夫，而且必须大量地运用商业信用促销。但是，某些企业的风险防范意识不强，为了扩销，在事先未对付款人资信情况做深入调查、对应收账款风险进行正确评估的情况下，盲目地采用赊销策略去争夺市场，采用较宽松的信用政策，只重视账面的高利润，忽视了大量被客户拖欠占用的流动资金能否及时收回的问题，从而成为应收账款风险加大的主要原因。

（2）企业内部控制不严。有些企业对应收账款的管理缺乏规章制度，或有章不循，形同虚设。财务部门不及时与业务部门核对，销售与核算脱节，问题不能及时暴露，一些企业应收账款居高不下，催收、清理不及时，账龄老化，却任其发展，存在应收账款长期挂账现象。

（3）企业内部激励机制不健全。在某些企业中，为调动销售人员的积极性，往往实行职工工资总额与经济效益挂钩，销售人员为了个人利益，只关心销售任务的完成，采取赊销、回扣等手段强销商品，使应收账款大幅度上升，而对这部分应收账款，企业未采取有效措施要求相关部门和经销人员全权负责追款，导致应收账款大量沉积下来，给企业经营背上了沉重的包袱。

3. 加强风险防范意识

企业负责人、销售人员和财务人员要充分认识和警惕应收账款收不回的风险，认识其危害性。

成都建工混凝土工程有限公司，专门成立了以公司总经理挂帅、总会计师负责的应收账款管理团队。下辖具体应收账款责任人、部门经理、财务部应收账款会计、债权管理部人员。具体责任人负责申请出具发票、收款；部门经理负责监督指导；财务部应收账款会计负责应收账款的跟踪、分析和考核；债权管理部负责债权的维护和管理。这样做的结果是：从应收账款准备、形成到收回的整个流程中，都有相关人员各司其职，从而保证了应收账款能够快速、安全地收回。

因此，企业应采取切实可行的措施，制定合理有效的管理方法，做好应收账款的事先预防、监督回收等管理工作，以保证应收账款的合理占用水平和收款安全，尽可能减少坏账损失，降低企业经营风险。

加强应收账款的管理

企业应收账款被长期拖欠的原因是多方面的。除了受市场疲软、企业资金紧张、偿债能力差，以及经济法规不完善，执法不严致使企业间三角债或多角债长期存在，不能有效解决，甚至一些企业借破产之名恶意逃债、废债等外部原因外，企业内部在应收账款管理方面也存在较大问题。

具体来说，企业领导加强应收账款的管理工作，应从以下几个方面着手。

1. 完善销售考核制度和约束制度

企业应改变对销售部门的考核只重产品销售收入的做法，转为考核产品销售收入和销售款回款额。对销售人员的工资、销售费用采取与有效销售额挂钩的办法。

有效销售额＝产品销售收入 ± 应收账款增减额折合额

这里，应收账款增减额折合额可根据各企业的实际情况进行折算。

为保证应收账款的及时收回，企业要制定销售回款的约束制度，按“谁销售谁收款”的原则，落实销售责任人的回款责任，提高销售责任人的风险意识，加速销售款的回收。企业内部审计部门要定期对销售部门和销售人员的销售业绩指标进行审计，重点对造成应收账款长期拖欠的相关责任人进行专项审计，追究责任，实行经济处罚，对侵害企业经济利益、侵占销售货款的责任人还要交司法机关处理。

2. 加强销售部门与财务部门的合作

建立赊销联合审批制度。对提出赊销要求的客户，销售部门应要求客户提供其信用状况的原始证明材料，并将材料和客户档案资料转给财务部门进行审查。财务部门对客户的档案资料应结合从其他渠道搜集的材料对客户进行信用分析，并在客户的赊销申请表中签署信用状况审查意见。接下来，再由销售部门具有审批资格的人员根据企业制定的信用标准进行审批。为便于管理，企业可赋予不同级别人员赊销额度的审批权限。审批人员不得超越权限。审批人员对其签署的意见应承担相应的责任。

3. 建立客户信用档案，定期评价客户信用状况

企业应建立客户档案，设专人进行日常登记。登记内容包括对客户销售各种产品所提供的信用条件、建立赊销关系的日期、主要的原始凭证编号及保管人、客户应付款日期、客户实际付款日期、各期与客户对账情况、各期客户信用状况的评价等。结合档案，企业财务部门可定期评价客户的信用状况，从而帮助销售部门做出正确决定。

4. 加强应收账款的分析与通报

财务部门应为企业开展清欠工作、为企业决策部门制定调整销售策略提供信息，要积极开展应收账款分析，及时编制应收账款账龄分析表，计算客户应收账款的平均账龄和客户销售贷款回款率，将客户的欠款、还款等重要信息资料及时向相关部门通报。对应收账款可能出现恶化的客户资料及时向企业负责人通报，防

止情况的进一步恶化。

对应收账款的分析可参考表 4–1 做出相应报告。

表 4–1　应收账款账龄分析

应收账款账龄	账户数量	金额（万元）	比重（%）
信用期内	300	600	60
超过信用期 1~30 天	150	200	20
超过信用期 31~60 天	100	100	10
超过信用期 61~90 天	60	50	5
超过信用期 91~120 天	40	40	4
超过信用期 120 天以上	30	10	1
合计	680	1000	100

5. 定期与客户对账

财务部门应定期与客户核对往来账目，确保企业债权的真实可靠。对客户不予确认的款项，一方面要追查销售合同、销售订单、销售发票副本、货物发运凭证等与销售有关的文件资料，将文件资料复印存档，作为向客户追讨货款的凭据；另一方面，督促销售责任人限期追回货款。定期对账也有助于防止销售人员侵占销售货款的不法行为，并为企业以后采取诉讼程序提供重要依据。

6. 加大清欠力度，利用法律武器依法保护企业权益

企业应加大清欠工作力度，对已到期货款及时追回。加强对应收账款诉讼时效的管理，防止因诉讼时效的丧失而丧失诉讼的胜诉权。对长期拖欠贷款的客户，要采取诉讼程序，利用法律武器保护企业的权益。

7. 规范呆坏账的处理

对呆坏账的会计处理，应先由企业法律部门和财务部门联合审查欠款单位有关破产、清算的法律文件，以及欠款单位财务状况恶化的材料，提出书面意见后，按企业会计制度的规定及时进行确认、审批和处理，防止潜亏，使财务报表能真实反映企业的财务状况和经营业绩。

在我国，企业应收账款在总资产中占有较大比重，若管理不善，就会使一个健康的企业陷入财务危机。企业应加强应收账款的管理，采取有效措施防止应收账款的恶化，提高应收账款的质量。

账款催收的实用技巧

当前，企业的风险很多是由销货后客户不能及时回款造成的，货、款无归已成为困扰企业正常经营的“老大难”问题。对于此类问题，我们提出下列对策以供参考。

（1）对新客户或没有把握的老客户，无论是代销或赊销，交易的金额都不宜过大。

宁可自己多跑几趟路，多结几次账，多磨几次嘴皮，也不能图方便省事，把大批货物交给对方代销或赊销。须知欠款越多越难收回，这一点非常重要。

（2）货、款无归的风险有时是由推销人员造成的。有些推销人员唯恐产品卖不出去（特别是在市场上处于弱势的产品），因此在对客户信用状况没有把握的情况下，就采用代销或赊销方式，结果给企业造成重大损失。

为避免发生这种情况，可以在企业与销售人员之间实行“买卖制”，即企业按照100%的回款标准向销售人员收取货款，客户的货款由销售人员负责收取。这种办法把货、款无归的风险责任落实到销售人员身上，销售人员在向有一定风险的客户供货时就会三思而后行。

（3）一些销售人员在催款中会表现出某种程度的怯弱，这里一个很重要的问题是必须要有坚定的信念。一个人在催收货款时，若能信心满怀，遇事有主见，往往能出奇制胜，把本来已经没有希望的欠款追回。反之，则会被对方牵着鼻子走，本来能够收回的货款也有可能收不回来。

（4）为预防客户拖欠货款，在交易当时就要规定清楚交易条件，尤其是对收款日期要做没有任何弹性的规定。例如，有的代销合同或收据上写着“售完后付款”，只要客户还有一件货物没有卖完，他就可以名正言顺地不付货款；还有的合同或收据上写着“10月以后付款”，这样的规定今后也容易扯皮。

为便于记录和分析，应收账款的进度追踪可以采用表4–2的形式来编制。

表4–2　应收账款进度追踪表

客户	期间	金额	原因	经办人	追踪日期	结果

（5）交易达成之后，要经常观察客户的经营状况，及时察觉

其异动。如果客户出现异常的变化，一般事先会有一些征兆出现，如进货额突然减少，处理并不滞销的库存商品，拖延付款，客户单位的员工辞职者突然增多，老板插手毫不相干的事业或整天沉溺于声色之中，等等。

还有一些外部环境的变化也要及时察觉，例如，客户附近的房子上用红漆写下了“拆迁”字样，说明客户商店近期内就要关门拆迁。如果发现这些情况，要立刻结账，防止客户不知去向。

（6）对于支付货款不干脆的客户，如果只是在合同规定的收款日期前往，一般情况下收不到货款，必须在事前就催收。事前上门催收时要确认对方所欠金额，并告诉他下次收款日一定准时前来，请他事先准备好这些款项。这比收款日当天来催讨要有效得多。

（7）到了合同规定的收款日，上门的时间一定要提早，这是收款的一个诀窍。否则的话，客户有时还会反咬一口，说我等了你好久，你没来，我要去做其他更要紧的事，你就无话好说。登门催款时，不要看到客户处有另外的客人就走开，一定要说明来意，专门在旁边等候，这本身就是一种很有效的催款方式。

（8）对于付款情况不佳的客户，一碰面不必跟他寒暄太久，应直截了当地告诉他你来的目的就是专程收款。如果收款人员吞吞吐吐、羞羞答答的，反而会使对方在精神上处于主导地位，在时间上会做好如何应付你的思想准备。

一般来说，欠款的客户也知道这是不应该的，他们一方面会感觉内疚，一方面又找出各种理由要求延期还款。一开始就认为延期还款是理所当然的，面对这种客户，在结清该笔货款后，最好不要再跟对方有业务上的来往。

（9）小心糖衣炮弹的诱惑和陷阱。如果客户一见面就开始讨好你，或请你稍等一下，他马上去某处取钱还你（对方说去某处取钱，这个钱十有八九是取不回来的，并且对方还会有“最充分”的理由，满嘴的“对不住”），这时，一定要揭穿对方的“把戏”，根据当时的具体情况，采取实质性的措施，迫其还款。

（10）如果只收到一部分货款，与约定有出入时，你要马上提出纠正，而不要等待对方说明。另外，要注意在收款完毕后再谈新的生意。这样，生意谈起来也会比较顺利。

（11）如果经过多次催讨，对方还是拖拖拉拉不肯还款，一定要表现出相当的缠劲功夫，或者在侦知对方手头有现金时，或对方账户上刚好进一笔款项时，就即刻赶去，逮个正着。

当上述一系列软磨硬缠的功夫都不奏效时，那就只有使用最后的“撒手锏”，通过诉讼途径来解决问题。

客户的信用管理

当前，很多企业都面临着“销售难、收款更难”的双重困境。一方面，市场竞争日益激烈，为争取客户订单，企业提供了几近苛刻的优惠条件，利润越来越薄；另一方面，客户拖欠账款，销售人员催收不力，产生了大量呆账、坏账，使本已单薄的利润更被严重侵蚀。这一切，都源于企业在管理上缺乏适当的信用风险管理。

1. 信用销售发展迅猛

随着市场经济的迅速发展，企业的销售方式也随之发生了巨大变化，由过去单一的计划客户转变为多元的信用销售为主。

信用销售占企业销售额的比重越来越大，这主要归因于除了传统的价格、广告、服务等市场竞争手段外，信用销售在扩大销售，增加企业的竞争力方面越来越具有突出优势。另一方面，信用销售还能减少库存，降低存货风险和管理开支。因此，当企业产成品存货较多时，一般都采用较为优惠的信用条件进行销售，把存货转化为应收账款，减少产成品存货，节约相关开支。

基于信用销售这种方式的迅速发展，企业要特别注意客户的信用评估问题，可以建立如表4–3这样的表格，便于管理。

表4–3 大客户信用评估表

信用评估类别	具体内容
基本信息	企业基本情况、企业历史、经营者情况、企业经营方针、内部管理与组织形式、银行往来
客户综合能力	经营者能力、基础设施和设备条件、员工能力、生产能力、销售能力，也就是我们常说的客户的长期履约能力
资本情况	·包括资本构成、资本关系、增资能力、财务状况，主要指大客户的偿债能力 ·包括对方的担保品状态、接受担保的方式等
经营环境	政策因素、经济因素，以及对方所处行业的总体状况

2. 客户信用管理存在的问题

目前，更多企业只是在应收账款发生后进行管理，对客户的信用管理还没有更多的认识。虽然企业的管理层也知道信用管理对应收账款管理的作用，但管理层更注重眼前利益，单纯追求销售业绩的增长，从而忽视了应收账款的管理工作，使得企业财务状况不乐观，坏账严重，账款拖欠时间长。

还有就是，企业为了刺激销售人员提高销售额，在制定销售政策之初，忽视了坏账风险，导致销售员片面追求销售业绩，忽视了企业的实际营收。

再者，企业本来就没有完整的客户信用管理，销售人员也没有接受必要的信用培训，自然对客户信用风险管理的意识就很淡薄了。

3. 如何进行客户信用管理

客户的信用管理可以从目标、内容、系统等三个方面进行说明。

（1）客户信用管理的目标。

管理活动就是要在组织目标的指引下增进管理的效果，提高管理的效率。客户信用管理也不例外，因此，客户信用管理的目标可以表达为：在公司既定战略目标的指引下，实现公司销售最大化，风险最小化。

（2）客户信用管理的内容。

监控信用销售：从收到客户订单，到确认定单，再到发货单，最后直到应收账款的收回，都要根据已授予客户的信用条款进行监控，是否超过了信用额度，是否为超期应收账款，直到最后收回货款。

应收账款管理：对信用期和逾期的应收账款结合客户的信用表现制定差异化的收账政策，对应收账款进行账龄、占销售收入的比率、逾期账款占应收账款的比率、坏账占销售收入的比率等进行分析，强化应收账款在信用期内的控制，确保应收账款的及时收回，减少坏账的发生，避免企业的损失。

（3）客户信用系统的建立。

为企业的所有客户建立一个完整的数据库，是客户信用管理的基础。该数据库汇集容纳公司各部门、各级管理人员和业务人员所接触了解到的每一条信息资料，作为对客户查询和信用分析的主要信息来源。

客户信用管理的核心是对客户进行信用分析和信用等级评定。所谓信用分析，就是通过对客户的所有相关财务及非财务信息进行整理、分析，得出客户的偿债能力。它需要运用专门的信用分析技术和模型，并结合专业人员的经验来完成。

总之，客户信息管理的最终目标是辅助企业决策，包括如何选择一个信用良好的客户，选择怎样的结算方式较为合适，授予其多大的信用额度，出现账款逾期时应采取怎样的措施，等等。

应收账款中的坏账处理

有很多企业在经营过程中对货款追要不及时，或者其他原因，导致赊账款不能追回，变成坏账。近年来，越来越多的企业产生了坏账，这对企业利润造成了很大影响。对此，企业领导者应该引起足够重视。

1. 坏账的确认

按照我国有关规定，企业应收账款符合下列条件之一的，应确认为坏账：

（1）因债务人死亡，以其遗产清偿后仍然无法收回；

（2）因债务人破产，以其破产财产清偿后仍然无法收回；

（3）债务人较长时期内（如超过 3 年）未履行偿债义务，并有足够的证据表明无法收回或收回的可能性极小。

企业应当定期或者至少于每年年度终了时，对应收款项进行全面检查，预计各项应收款项可能发生的坏账，对于没有把握能够收回的应收款项，应当计提坏账准备。

2013 年 6 月，A 公司因经营不善破产，B 公司应收 A 公司的 10 000 元账款无法收回。则 B 公司应作如下会计处理：

借：营业外支出—坏账损失　　　　10 000

　　贷：应收账款—A 公司　　　　10 000

对于此类情况，《财政部国家税务总局关于企业资产损失税前扣除政策的通知》第二十三条规定：企业逾期三年以上的应收款项在会计上已作为损失处理的，可以作为坏账损失，但应说明情况，并出具专项报告。第二十四条规定：企业逾期一年以上，单笔数额不超过五万或者不超过企业年度收入总额万分之一的应收款项，会计上已经作为损失处理的，可以作为坏账损失，但应说明情况，并出具专项报告。

2. 坏账的处理

坏账的处理方法有两种，一是直接冲销法，二是备抵法。

（1）直接冲销法。在直接冲销法下，公司要等到信用部门确定顾客的款项不可收回时，才对坏账进行会计处理，确认为坏账。在注销某一客户应收账款的同时，把坏账损失列为发生期的管理费用。

直接冲销法优势：简便易行，对于规模小，且应收账款数额较小或坏账不易发生的企业，适合采用这种方法。

直接冲销法劣势：这种方法忽视了坏账损失与赊销业务的联系：即在前期不反映潜在的坏账损失，显然不符合权责发生制原则和配比原则。由于不能当期确认损失，容易使资产负债表上列示的应收账款高估。不符合会计处理的谨慎性原则。

（2）备抵法。直接冲销法应用起来十分简单，如果坏账损失金额不大，它也不会引起太大的问题，但它所产生的会计数据不够准确。相比之下，备抵法是一种应用权责发生制计量坏账费用的更好方法。

备抵法是按期计提坏账损失形成坏账准备，确认某一应收账款为坏账时，注销坏账准备，同时转销应收账款金额。

估计坏账损失时，借记“资产减值损失—计提的坏账准备”科目，贷记“坏账准备”科目；坏账损失实际发生时，借记“坏账准备”科目，贷记“应收账款”科目；已确认并转销的应收款项以后又收回时，借记“应收账款”，贷记“坏账准备”科目，同时，借记“银行存款”科目，贷记“应收账款”。

计提坏账准备的主要方法有：应收账款余额百分比法、销货百分比法和账龄分析法。

对于年内报表（月报或季报），企业可使用应收账款余额百分比法，因为该法容易应用。年末，企业可使用应收账款账龄分析法，以确保应收账款预期可实现金额，即预期可收回金额列报。这两种方法结合使用，效果很好，因为应收账款余额百分比法着重衡量利润表中的坏账费用，而应收账款账龄分析法用于衡量资产负债表中的应收账款净额。

备抵法优势：将坏账及时入账，体现了配比原则，避免了企业利润虚增，真实揭示了应收账款的可实现价值，更符合权责发生制原则和谨慎性原则。目前，一般企业都采用这种方法。

备抵法劣势：核算手续比较烦琐，坏账准备是估计金额，有很多不确定因素。估计金额受会计人员的学识、经验等诸多因素的影响。可能出现利用坏账的处理来掩盖挪用或贪污公款的情况。

对于以上劣势，企业应健全坏账损失的内部控制制度，运用审阅法、复查法检查坏账准备，尽量防止违法现象的发生，减少企业损失。

通常，企业对坏账都是采用备抵法来处理。备抵法符合权责发生制的会计基础，能正确确定各期间损益，确定经营成果。备抵法符合会计信息质量特征中谨慎性的原则要求，能增强企业应付风险的能力。但是，备抵法手续烦琐，计量结果的正确性会受各种因素的影响，在会计工作中应尽量避免这些不利因素。

|第五章|

F I N A N C E

库存清仓
产品卖出去才能盈利

5

库存是仓库管理的重要组成部分，库存合理，能够减少资金占用，提高物资的利用率，增强企业竞争力，从而实现企业利润最大化。

反之，如果库存长期积压或缺货，对企业资金的回收会有很大影响。

重视库存管理工作

库存管理又叫库存控制，主要是指与库存物料的计划与控制有关的业务，其主要功能是在供需之间建立缓冲区，达到缓和用户需求与企业生产能力之间、最终装配需求与零配件之间、零件加工工序之间、生产厂家需求与原材料供应商之间的矛盾。

1. 认识库存管理

对于库存管理，企业方面主要持有以下三种观点：

持有库存。一般而言，在库存上有更大的投入可以带来更高水平的客户服务。长期以来，库存作为企业生产和销售的物资保障服务环节，在企业的经营中占有重要地位。

保持合理库存。库存管理的目的是保持合理的库存量，既不能过度积压，也不能短缺。

“零库存”。以丰田为代表的日本企业提出了所谓的“零库存”观点，主要指的是准时生产方式。他们认为，库存即是浪费。

2. 库存管理的意义

（1）库存控制的作用。库存控制的作用主要有如下几点：在保证企业生产、经营需求的前提下，使库存量经常保持在合理的范围内；掌握库存量的动态，适时、适量提出订货，避免超储或缺货；减少库存的空间占用，降低库存总费用；控制库存的资金占用，加速企业的资金周转。

（2）库存的合理控制。如果企业的库存量过大，产生的问题包括：会增加仓库面积和库存保管费用，从而提高产品成本；会占用大量流动资金，从而造成资金呆滞，既加重了货款利息等负担，又会影响资金的时间价值和机会收益；会造成产成品和原材料的有形损耗和无形损耗；会造成企业资源的大量闲置；等等。

如果企业的库存量过小，产生的问题包括：会造成服务水平下降，影响销售利润和企业信誉；会造成生产原材料或其他物料供应不足，影响生产过程的正常进行；会使订货间隔期缩短，订货次数增加，使订货（生产）成本提高；等等。

库存的合理控制可以从根本上解决上面的这些问题。

北京有一家空调批发公司，经营的空调品种大约为50种。它的客户既有像西单、蓝岛、双安这样的大商场，也有北京街头很多地方可以看到的小型空调专卖店。公司主要出售美的、日立、三菱3家公司的空调产品，其中美的的产品占了绝大部分。公司的销售额已经达到了一个亿。

假设一个空调的平均单价为2000元，该公司一年销售空调的数量大致为5万台。这5万台空调绝大部分集中在一年的3个月或更短时间内销售。公司的财务部有5个人，他们的主要工作是核算与供应商及客户的往来账和库存商品的明细账。

该公司的仓库较小，仅有一位库管员。公司的主要供应商“美的”要求，必须用预付款的方式进行往来结算，而其他两家公司可以采用赊购的方式。

牌子多，销量大，时间集中，条件有限，这些因素导致了该公司的库存存在诸多问题。

(1) 5万台空调集中在比较短的时间里进行采购与销售，在空调热卖的日子里，每天出入库的单据特别多，加上公司人手少，手工根本无法完成库存明细账的记录。所以，当公司经理想知道哪种空调库存还剩多少的时候，财务部经常提供不出准确的数据，这样会带来很多后续问题：首先，因为库存信息不准，不好判断未来将要采购多少。其次，有可能丧失销售的好机会。最后，由于库存账的混乱，可能会引起库存商品的丢失，从而造成公司损失。对于企业的库存管理现状，公司经理非常着急。

(2) 因为企业的库存账是依据入、出库单记录的，虽然空调已经销售开票，卖给客户了，但只要尚未出库，库存商品账将不能反映"这种出库"。由此，企业"真正的"库存信息就不能加以披露，这样会为企业采购决策的制定带来问题。同时，也会影响产品的销售。

(3) 因为一个完整的空调是由室内机、室外机和其他零部件组成的，在手工条件下的库存品明细账上，很难进行空调的零部件组合，从而进行"成套件"管理。

在诸多棘手的库存问题下，该公司购进并应用了商业进销存软件，从而解决了上面所讲的三大库存问题，效果明显。

(1) 库存商品明细账记录得准确、清楚、及时了。尤其是库存结余信息的及时披露，为企业的采购与销售环节的管理提供了依据。

(2) 根据企业管理的需要，库存结余信息的披露既考虑到了已采购但暂时未入库的因素，又考虑到了已销售但暂时未出库的因素，为企业采购与销售的管理提供了更为全面的依据。

（3）成套管理软件的应用，使库存信息的提供更加准确、清楚。这些效果的取得，是企业在计算机系统的帮助下，规范企业的业务处理流程，去掉不必要的中间管理环节，规范原始的业务单据而取得的。

由此可以看出，随着信息技术的高速发展，作为现代企业的物流管理的核心部分——库存管理，也要适应时代的发展，不仅要在观念上予以重视，在实际工作中也要运用先进的管理工具和管理方式，这样才能进行高效的经营和管理。

如何确定最优库存量

企业库存主要存在两方面的问题：一方面，企业的目标是追寻最大利润，希望有较快的资金流动，所以希望降低库存成本，实现零库存；另一方面，为了保证企业正常运营，确保生产供应环节稳定，企业又希望有足够的库存去应对。

为了权衡这两方面，企业一直在寻找一个能同时满足这两方面要求的库存量，即最优库存。而目前，企业在库存方面还存在很多问题。

1. 企业库存容易出现的问题

（1）非标准化库存管理。随着电子商务的发展，企业的发展更趋向于O2O模式。之所以这样说，是因为互联网的发展，促使企业不得不为自己的产品开辟新的渠道——网上销售。网上销售有一些不确定因素，比如，企业无法准确、合理地管理自己的库存。因为产品的种类和数量等问题，企业的库存管理会渐渐暴露出很多问题：不知道需要多少货物才能满足销售，不知道何时订货，不知道订货提前期，不能准确地对产品进行分类管理。这一系列的不确定，经常会导致库存积压或库存不足，如果库存积压，会占用大量企业资金；如果库存不足，则会影响企业获得利润。总之，库存如果出现了问题，会影响企业的正常运转。

（2）没有实现信息共享。库存是企业供应链的一部分。在信息化的今天，库房不仅仅只是一个储存货物的地方，它是一个流动的区域，有货物的进入，也有货物的流出。不应该把库存看成是与其他模块分隔开的单独存在，而应把它看成是连接制造商、生产商及供应商的重要模块。库存管理如果没有实现信息共享，会出现信息传导过程中的“牛鞭效应”，那将使企业受到很大损失。

（3）库存成本不合理分摊。库存的维持成本包括资金、保险、产品老化、存储和税费等相关费用。这是对库存内部管理的一个分解。企业往仓库投入管理资金，管理者不能毫无计划地使用这笔资金，而应对这笔资金进行合理分摊，从而实现高效管理。

2. 企业的最优库存量

最优存货量，是指能够使存货的相关总成本达到最低点的进货数量。如果要想达到最优库存量，企业应注意以下几点。

（1）合理控制企业存货对于资金的占用。存货占用着企业大量的流动资金，要保证企业有充裕的现金流，就必须合理控制存货对于企业资金的占用。为此，要做到以下几点：

首先，生产企业要建立集中的物资管理体制。企业的采购资金要进行集中管理，对钢铁等生产消耗型材料要进行定额管理，对于非生产用料要按照预算实行管理，要合理控制计划外的项目用料。

其次，要加强审计工作，严格按计划进行采购。在采购之前，必须要填写用料申请单，通过审查后生成采购单，采购部门再进行采购。

最后，企业要不断增强物资管理能力。对于生产中没用完的物资，应及时找厂家联系退货；对于生产中稀缺资源的储备，则要与供应商建立长期稳定的联系，确保资源的稳定供应。

（2）建立健全采购申请制度。企业应建立采购申请制度，生产经营部门根据采购计划和实际需要，提出采购申请。企业依据购买物资或接受劳务的类型，确定归口管理部门，授予相应的请购权，明确相关部门或人员的职责权限及相应的请购程序。

（3）加强供应商选择制度。选择供应商是企业采购业务流程中非常重要的环节。供应商选择不当，可能导致采购物资质次价高，甚至出现舞弊行为。企业应建立科学的供应商评估和准入制度，对供应商资质信誉情况的真实性和合法性进行审查，确定合格的供应商清单，健全企业统一的供应商网络。

（4）加强存货采购合同管理。企业应根据采购需要、确定的供应商、采购方式、采购价格等情况与供应商签订具有法律约束力的采购合同，该合同对双方的权利、义务和违约责任等情况应做出明确规定。

（5）建立存货管理系统。企业应制定经济订货规划，确定好经济订货批量，再订货点，及时补货，避免缺货。企业还应确定存货资金的占用额。

库存的盘点和检查

商品盘点是指对商品的实有库存数量及其金额进行全部或部分清点，以确实掌握该期间内的货品状况。对库存盘点的疏忽，往往会给企业带来极大损失。

2006 年，卢某应聘到南宁市某商贸公司做运货司机，负责给公司运货。由于他工作踏实勤奋，不久之后得到公司老板的赏识，升为仓库管理员，管理该公司存放大批酒类商品的仓库。

从拉货司机升到管理员，不用每天在外四处奔波，使得卢某有了更多的空余时间。看着窗外灯红酒绿的生活和某些人一掷千金的豪爽，苦于生财无道的他经常跑到赌桌上过瘾。十赌九输。很快，卢某就欠下了一笔赌债。因无力偿还赌债，而债主三天两头登门讨债，卢某因此盯上了仓库里存放的酒类货物，利用职务之便，他多次私自拉货变卖或抵押给赌场，偿还赌债。

有一次，老板在月终盘点时发现有一批 128 件泸州老窖不翼而飞，仔细追查后发现是卢某拉去抵押、变卖还债了。看到老板大动肝火，卢某主动认错，说将很快把钱还清，希望老板能给他一次改过的机会。念在卢某平时的表现不错，且诚恳认错，老板也没有把此事张扬。

不过，身陷泥沼的卢某并没有戒赌。他仍然私自拉啤酒或其他饮品到附近的烧烤店和饮料店以批发价卖给摊主，或者直接拿货去赌场做抵押。为了还在赌场欠下的高利贷，他竟铤而走险，一次将价值 6 万元的货抵押给赌场，偿还自己欠下的 3 万元赌债。

2006年12月盘终时，卢某“拆东墙补西墙”的做法还是被老板识破了。老板无奈之下只好让卢某核对欠下的货品清单，签下欠债字条，然后辞职。考虑到卢某家境贫困，老板安排卢某的女朋友接替他做仓库管理员，仍让卢某住在仓库。但卢某陷得太深，这一善良之举并不能让他回头。

据介绍，卢某在做仓库管理员期间，共私自拉走公司的漓泉干啤3567件，纯生400多件，泸州老窖128件，折合人民币约20万元，同时还拿了老板准备交租的1万多元。而卢某在其女朋友做仓库管理员期间，又陆续拉走了670多件纯生，价值人民币3万多元，前后总价值约24万元。

看到卢某捅出的“窟窿”越来越大，已经到了难以挽回的地步，老板只好报警。卢某被抓，对犯罪事实供认不讳。

那么，企业该如何做好库存的盘点和检查工作呢？下面介绍几种库存盘点方法。

1.永续盘点法

永续盘点法，也叫动态盘点法，就是入库的时候就盘点。

一般情况下，入库都不会全检，只是抽检一部分就上货架了，或者就放在一个固定的区域里面。最好是入库的时候就把数量点一点，顺便看一看质量，看完以后就放在一个位置，跟保管卡核对。

某位仓库管理专家采用了用颜色标识的办法，很有效。

吊牌或者货卡用两种颜色，一面是白色，另一面是黄色。入库的时候填白色这一面，如果这一堆货一直没动过，就一直是白色，一旦要动这个货，就把它翻过来，写在黄色的那一面。等到下次盘点的时候，只要是白色的部分就不用盘了，因为没动过，这样可以减少重复劳动。这叫永续盘点，也叫动态盘点、随机盘点。货物一进库房就盘好，下次盘点的工作量就会少很多，也能很清楚地知道准确的库存量。

2. 循环盘点法

循环盘点，就是每天盘点一定数目的库存，按照入库的先后顺序来进行，先进来的货物先盘，后进来的货物后盘。或者今天进来的货量很大，一天盘不完，那明天先把今天剩下的这一部分盘完，然后再盘新进来的货。每天都是这样很有节奏地工作，分阶段去进行。循环盘点节省人力，全部盘完一部分再开始下一轮的盘点，可以化整为零。

3. 重点盘点法

哪些物品需要重点盘？例如，进出频率很高的物品、易损易耗的物品，都需要重点盘点，这样可以防止货量出现偏差。

4. 定期盘点法

仓库一般都要进行定期盘点，有的仓库一周盘一次，有的仓库一个月盘一次，有的仓库进行季度盘点或年终盘点。总之，仓库每年至少要盘点一次。

每周盘点一次会比较好，这样一来，库存周报就会很精确。销售有销售日报表，库存有库存周报表。如果品种不是很多，也可以每天盘点，做盘点日报。总之，库存盘点周期越短，越能够及时处理那些超过储存期的呆滞库存。

下面对库存盘点的四种方法进行对照比较，具体如表 5–1 所示。

表 5–1　盘点的四种方法比较

名称	永续盘点	循环盘点	重点盘点	定期盘点
操作规程	入库时随即盘点，及时与保管卡记录核对	按入库先后，每天盘点一定数量的存货	重点盘存进出频率高 / 易损耗 / 价值高的存货	定期（周 / 月 / 季 / 年末）全面清点所有存货
优点	可随时知道准确存量，盘点工作量较小	节省人力 / 全部盘完后开始下一轮盘点	可控制重点存货动态，有效防止发生差错	便于及时处理超储 / 呆滞存货

仓库管理是企业管理，尤其是物流管理中非常重要的一个环节，仓库管理的好坏直接体现了企业规范化管理的质量和水平，也体现了企业参与市场竞争的综合能力。

仓库内的物资周转的效率越高，说明企业产品的市场周转率越快，企业的经营效果就越好；仓库内的物资差错率越低，保管率越好，说明企业的综合管理水平越高。

库存积压的原因和对策

库存积压，尤其是高库存，对企业的现金流会造成巨大压力。尽管很多企业把降低库存或是零库存提升到了战略高度，但库存总是反复，不是缺料，就是库存高企；不是无法交付，就是库存积压报废。面对这个日益棘手的问题，企业决策者应该努力想办法应对。

1. 库存积压的原因

导致库存过量的原因很多，归结起来，主要有以下几点：

（1）只考虑直接采购成本。

一个零部件的年度需求量为200件，供应商的报价提供三种方案：A方案，200件单价90美元；B方案，100件单价95美元；C方案，50件单价100美元。A方案全年直接采购成本为18 000美元，B方案全年直接采购成本为19 000美元，C方案全年直接采购成本为20 000美元。

很多企业的采购会选择A方案，理所当然地认为将之买来作为资产，根本不考虑库存的管理费用和资金成本，也没有考虑零部件切换和升级的风险。低价格采购，有时可能会导致高运营成本。

（2）担心潜在的销售损失。生产计划的制定，源于销售部门的销售预测；销售预测的准确性，直接关系到整个供应链的成本。销售往往不是卖不出去产品，而是害怕有市场需求时没有产品卖。同时，销售预测在大多数情况下可能过于乐观，他们更希望有丰富的产品种类和数量来获取更多的销售机会。很多时候，这种心理会直接导致库存过量。

（3）客户取消订单。在现有的信用体系不完善的商业环境里，尽管违约的风险在逐年降低，但是客户取消订单的情况也是屡见不鲜，尤其是一些不具有法律效力的口头约定、合作意向或是备忘录。另外，其他很多不可控的因素也会导致订单取消。这样就会造成整个供应链环节的库存积压。

（4）需求和库存管理体系不完善。很多企业的需求计划不是基于客观的需求，而是一种感性的决定：原材料价格便宜，多买点；零部件交期较长，多买点；运输风险大，多买点……订货周期没有滚动需求预测的支持，也不采取积极措施管理库存，对库存周转率、老库存消化意识度不高，对质保期较短的产品也不实施先进先出，等等。

（5）供应商的表现不良。供应商交货周期长，采购方不得不备足安全库存来弥补供应商交货问题，以应对缺料风险；供应商的质量、交付不稳定，采购方不得不提高库存数量来承担供应商的责任。

（6）产品设计变更或废止。库存不仅仅包括成品库存，也包括半成品库存、原材料库存、委外加工库存，以及经销商（代理商）库存。很多产品由于功能缺陷、政策变化或是市场需求变化而不得不进行设计变更、产品升级或是产品废止，都会在原材料、半成品、成品等环节产生库存。

2. 库存积压的对策

（1）把库存管理提高到战略高度。建立完善的流程和体系来管理库存，从前端的销售预测、销售需求，到中间的生产、组装，到后端的采购，都需要进行严格的流程管理和控制，而且必须在公司内部自上而下地、持续地贯彻和实施。

（2）衡量库存对销售预测的风险。销售预测总是很“丰满”，实际销售总是不容乐观。对于没有落地的销售预测，首先要评估成品库存对销售支持的程度。例如，销售预测为 100 台机器，实际订单可能只有 70 台，这就需要衡量低库存对销售预期的支持能力，或者可以采取分批生产、分批发货的方式降低风险。

（3）建立整个供应链协同机制。销售端与客户建立紧密的沟通，提高销售预测的准确性，实现销售和运营计划的快速、准确传导机制；运营部门根据需求计划安排合理的生产计划；物流部门建立分销和仓储网络，确定最佳的仓储方式和运输方式，以提高供应链的灵活性。

（4）压缩供应商的交货时间。需求预测的不确定性总是随时间增加而增加，而供应商交货周期过长，采购方为降低风险就需要建立过多的库存。尤其是对于全球采购来说，长时间的运输、政治、战争，以及贸易航线变更，都会影响交付时间和公司的库存数量。

（5）实施精益库存管理项目。推动供应商协助实施VMI（供应商管理库存）、JIT（即时交付）、Milk Run（循环取货）等，以实际需求拉动供应，通过PFEP（Plan For Every Part）向采购和销售环节延伸，对每个物料建立跟踪体系，来识别和减少不必要的浪费，可以有效降低库存数量，甚至实现零库存。

（6）引入第三方物流支持。第三方物流服务商有着更专业的仓储、物流、分销体系和信息技术平台支持，自建物流和仓库的成本很高，引入第三方物流服务商或是第三方供应链管理公司，将非专业、非核心业务外包，可以有效降低仓储、物流风险，提高库存周转率和资金周转速度，降低运营管理费用。

总之，库存周转率和现金周转速度关系到企业的资金利用效率、盈利能力，甚至关系到企业的生存。减少库存，防止形成不必要的库存浪费是一个可以被减轻但是不可能被完全消除的问题。降低库存不是一个快速见效的活动，而是一个长期活动，并且库存容易反复，需要持续进行关注和管理。

存货也有成本

存货成本是指存货所耗费的总成本，是企业为存货所发生的一切支出。

1. 存货成本的内容

存货成本主要包括采购成本、加工成本、其他成本等。

（1）存货的采购成本。存货的采购成本，包括购买价款、相关税费、运输费、装卸费、保险费，以及其他可归属于存货采购成本的费用。其中：

存货的购买价款是指企业购入的材料或商品的发票账单上列明的价款，但不包括按规定可以抵扣的增值税额。

存货的相关税费是指企业购买存货发生的进口关税、消费税、资源税和不能抵扣的增值税进项税额，以及相应的教育费附加等应计入存货采购成本的税费。

其他可归属于存货采购成本的费用是指采购成本中除上述各项以外的可归属于存货采购的费用，如在存货采购过程中发生的仓储费、包装费、运输途中的合理损耗、入库前的挑选整理费用等。

商品流通企业在采购商品过程中发生的运输费、装卸费、保险费，以及其他可归属于存货采购成本的费用等进货费用，应当计入存货采购成本，也可以先进行归集，期末根据所购商品的存销情况进行分摊。

对于已售商品的进货费用，计入当期损益；对于未售商品的进货费用，计入期末存货成本。企业采购商品的进货费用金额较小的，可以在发生时直接计入当期损益。

（2）存货的加工成本。存货的加工成本是指在存货的加工过程中发生的追加费用，包括直接人工，以及按照一定方法分配的制造费用。

直接人工是指企业在生产产品和提供劳务过程中发生的直接从事产品生产和劳务提供人员的职工薪酬。

制造费用是指企业为生产产品和提供劳务而发生的各项间接费用。

（3）存货的其他成本。存货的其他成本是指除采购成本、加工成本以外的，使存货达到目前场所和状态所发生的其他支出。企业设计产品发生的设计费用通常应计入当期损益，但是为特定客户设计产品所发生的、可直接确定的设计费用应计入存货的成本。

存货成本的具体内容，也可以用图 5-1 来表示。

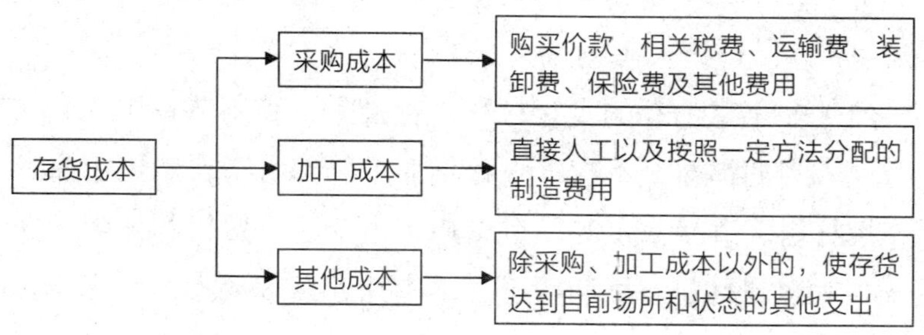

图 5-1 存货成本的内容

2. 存货成本的确定

存货的来源不同，其成本的构成内容也不同。原材料、商品、低值易耗品等通过购买而取得的存货的成本由采购成本构成；产成品、在产品、半成品等自制或需委托外单位加工完成的存货的成本由采购成本、加工成本，以及使存货达到目前场所和状态所发生的其他支出构成。实务中具体按以下原则确定：

（1）购入的存货，其成本包括：买价、运杂费（包括运输费、装卸费、保险费、包装费、仓储费等）、运输途中的合理损耗、入库前的挑选整理费用（包括挑选整理中发生的工、费支出和挑选整理过程中所发生的数量损耗，并扣除回收的下脚废料价值），以及按规定应计入成本的税费和其他费用。

（2）自制的存货，包括自制原材料、自制包装物、自制低值易耗品、自制半成品及库存商品等，其成本包括直接材料、直接人工和制造费用等的各项实际支出。

（3）委托外单位加工完成的存货，包括加工后的原材料、包装物、低值易耗品、半成品、产成品等，其成本包括实际耗用的原材料或者半成品、加工费、装卸费、保险费、委托加工的往返运输费等费用，以及按规定应计入成本的税费。

但是，下列费用不应计入存货成本，而应在其发生时计入当期损益：

（1）非正常消耗的直接材料、直接人工和制造费用，应在发生时计入当期损益，不应计入存货成本。如由于自然灾害而发生的直接材料、直接人工和制造费用，由于这些费用的发生无助于使该存货达到目前场所和状态，不应计入存货成本，而应确认为当期损益。

（2）仓储费用，指企业在存货采购入库后发生的储存费用，应在发生时计入当期损益。但是，在生产过程中为达到下一个生产阶段所必需的仓储费用应计入存货成本。如某种酒类产品生产企业为使生产的酒达到规定的产品质量标准，而必须发生的仓储费用，应计入酒的成本，而不应计入当期损益。

（3）不能归属于使存货达到目前场所和状态的其他支出，应在发生时计入当期损益，不得计入存货成本。

存货还能变现多少价值

市场经济瞬息万变，企业存货朝夕之间就会发生增值或贬值的变化，增值姑且不谈，存货贬值相信是很多企业管理者都关注的问题。

那么，企业存货发生贬值之后，究竟还有多少变现价值呢？这就涉及一个财务管理上的概念：存货的可变现净值。

1. 可变现净值分析

可变现净值是指在日常活动中，以预计售价减去进一步加工成本和预计销售费用，以及相关税费后的净值。

可变现净值是一种交换产出价值，它与清算价值的不同在于，它们得之于不同的市场条件。可变现净值是处于正常销售经营交换、通常有正常利润情况下的价格，而清算价格则是一种迫售价格，即按大大降低的价格出售给顾客，或按大大低于成本的价格出售给顾客。

可变现价值只适用于计价那些为销售而持有的资产，例如商品、特定特造品、投资以及企业经营上不再使用的机器设备等。

为便于分析，可变现价值可以编制成类似表 5–2 形式的表格。

表 5–2 YF 公司可变现净值表

存货种类	项目账面成本 / 元	可变现净值 / 元
甲类存货		
A 存货	5 500	5 550
B 存货	8 000	7 200
乙类存货		
C 存货	3 500	3 300

（续表）

存货种类	项目账面成本 / 元	可变现净值 / 元
D 存货	2 600	2 200
合计	19 600	18 250

以库存产品为例，假设某公司期末B商品的账面价值为50万元，该批商品的市场价格为40万元（不含增值税），估计销售该商品将要发生的销售费用和相关税费为8万元（不含增值税），则B商品按可变现净值价为32万元（40万−8万＝32万）。

2. 可变现净值案例实操

案例背景

2002年12月31日，星海公司专门用于生产A型设备的甲材料结存数量为2000千克，单位成本为25元，总成本为50 000元，可生产A型设备10台。

将甲材料加工成A型设备，每台需要投入人工及间接制造费用5600元；销售A型设备，每台需要支付销售费用及税金500元。A型设备正常市场售价为每台12 000元。

2002年12月31日，甲材料的市场价格降为每千克20元。星海公司购买甲材料不需要花费买价以外的其他采购费用。

根据下列互不相关的假定情况，分析星海公司的甲材料是否应当计提存货跌价准备，如果需要计提存货跌价准备，金额是多少？

（1）假定2002年12月20日，星海公司与诚信公司签订了一份销售合同，合同约定，2003年2月20日，星海公司应按每台12 500元的价格向诚信公司提供A型设备12台。

（2）假定由于甲材料市场价格的下跌，导致用其生产的

A 型设备的每台市场售价降为 10 800 元。2002 年 12 月 20 日，星海公司与诚信公司签订了一份销售合同，合同约定，2003 年 2 月 20 日，星海公司应按每台 11 000 元的价格向诚信公司提供 A 型设备 5 台。

（3）假定由于市场情况的变化，星海公司决定停止 A 型设备的生产，也没有签订任何 A 型设备的销售合同。为了减少不必要的损失，星海公司准备将专门用于生产 A 型设备的甲材料全部售出，预计会发生销售费用及税金 1200 元。

案例分析

（1）根据星海公司与诚信公司签订的销售合同，诚信公司订购的 A 型设备为 12 台，而星海公司库存的专门用于生产 A 型设备的甲材料，仅可生产 A 型设备 10 台，低于销售合同订购的数量。因此，在确定甲材料的可变现净值时，应以销售合同约定的 A 型设备单位售价 12 500 元作为计量基础。

虽然甲材料的市场价格低于账面成本，但用甲材料生产的 A 型设备的可变现净值为 12 000 元（12 500−500），高于其生产成本 10 600（5000+5600），并没有发生价值减损。在这种情况下，以 A 型设备合同单位售价 12 500 元作为计量基础计算的甲材料可变现净值一定高于其账面成本，因此，甲材料不需要计提存货跌价准备。在 2002 年 12 月 31 日资产负债表的存货项目中，甲材料应按账面成本 50 000 列示。

（2）根据星海公司与诚信公司签订的销售合同，诚信公司订购的 A 型设备为 5 台，而星海公司库存的专门用于生产 A 型设备的甲材料，可生产 A 型设备 10 台，高于销售合同订购的数量。因此，在确定甲材料的可变现净值时，应分别按销售合同约定的 A 型设备单位售价 11 000 元和 A 型设备的市场售价 10 800 元作为计量基础。计算如下：

10 台 A 型设备的可变现净值 =（11 000×5 + 10 800×5）−500×10=104 000（元）

10 台 A 型设备的生产成本 =（5000+5600）×10=106 000（元）

上述计算结果表明，A 型设备的可变现净值低于其生产成本，因此，用于生产 A 型设备的甲材料应按可变现净值计量。

甲材料的可变现净值 =104 000−5600×10=48 000（元）

由于甲材料的可变现净值低于其账面成本，因此，甲材料的期末价值应按可变现净值计量，即星海公司应当按可变现净值低于账面成本的差额为甲材料计提存货跌价准备。计算如下：

甲材料应当计提的存货跌价准备＝ 50 000−48 000 ＝ 2000（元）

在 2002 年 12 月 31 日资产负债表的存货项目中，甲材料应按 48 000 元列示。

（3）由于星海公司准备将甲材料全部售出，因此，甲材料的可变现净值不能再以 A 型设备的售价作为计量基础，而应以其当前的市场价格每千克 20 元作为计量基础。计算如下：

甲材料的可变现净值＝ 2000×20−1 200 ＝ 38 800（元）

由于甲材料的可变现净值低于其账面成本，因此，甲材料的期末价值应按可变现净值计量，即星海公司应当按可变现净值低于账面成本的差额为甲材料计提存货跌价准备。计算如下：

甲材料应当计提的存货跌价准备＝ 50 000−38 800=11 200（元）

在 2002 年 12 月 31 日资产负债表的存货项目中，甲材料应按 38 800 元列示。

由上例可知，存货可变现净值对企业库存管理十分重要，但就那些存货品种繁多的商品流通企业来说，要对存货的可变现净值进行逐一鉴定，其操作难度也是很大的。因此，这些企业可以根据行业特点和商业性质来灵活选择，科学地进行估量和计算。

|第六章|

F I N A N C E

成本把控 省钱就是赚钱

6

企业是自负盈亏、自主经营的经济实体，除了正常纳税，还需支付生产过程中的成本消费，所以，企业要想生存、发展，必须尽可能地控制成本，提高收益。

成本控制已成为衡量企业是否具有竞争力的重要标志之一。企业之间的竞争很大程度上就是成本控制的竞争。

你真的会核算成本吗

成本核算，是指将企业在生产经营过程中发生的各种耗费，按照一定的对象进行分配和归集，以计算总成本和单位成本。

成本核算通常以会计核算为基础，以货币为计算单位，它是成本管理的重要组成部分，对企业的成本预测和经营决策有直接影响。

1. 成本核算的内容

（1）完整地归集与核算成本计算对象所发生的各种耗费。

（2）正确计算生产资料转移价值和应计入本期成本的费用额。

（3）科学地确定成本计算的对象、项目、期间以及成本计算方法和费用分配方法，保证各种产品成本的准确、及时。这对于企业开展增产节约和实现高产、优质、低消耗、多积累具有重要意义。

这里，我们简单地把成本所包括的相关内容以图的形式进行列示，如图 6–1 所示。

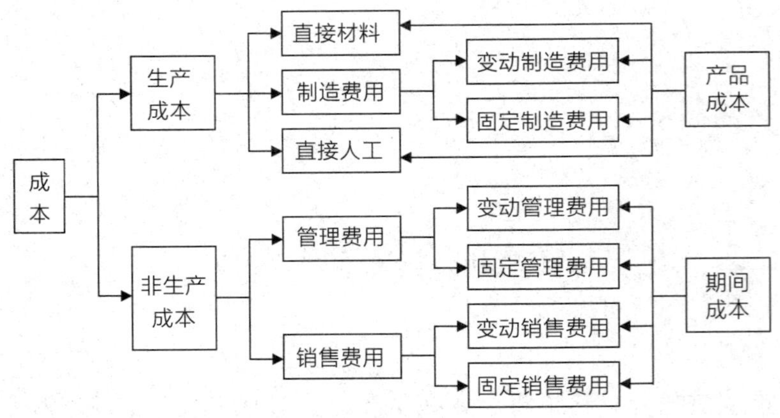

图 6–1 成本的主要内容

2. 成本核算的原则

（1）合法性原则。指计入成本的费用都必须符合法律、法令、制度等的规定。不合规定的费用不能计入成本。

（2）可靠性原则。包括真实性和可核实性。真实性就是所提供的成本信息与客观的经济事项相一致，不应掺假，或人为地提高、降低成本。

（3）相关性原则。包括成本信息的有用性和及时性。

（4）分期核算原则。企业为了取得一定期间所生产产品的成本，必须将川流不息的生产活动按一定阶段（如月、季、年）划分为各个时期，分别计算各期产品的成本。

（5）权责发生制原则。应由本期成本负担的费用，不论是否已经支付，都要计入本期成本。

（6）实际成本计价原则。生产所耗用的原材料、燃料、动力要按实际耗用数量的实际单位成本计算、完工产品成本的计算要按实际发生的成本计算。

（7）一致性原则。成本核算所采用的方法，前后各期必须一致，以使各期的成本资料有统一的口径，前后连贯，互相可比。

（8）重要性原则。对于成本有重大影响的项目应作为重点，力求精确。而对于那些不太重要的琐碎项目，则可以从简处理。

3. 成本核算的步骤

成本核算步骤指的是从生产费用的发生开始，到算出完工产品的总成本和单位成本为止的整个计算步骤。成本核算一般分为以下几个步骤：

（1）生产费用支出的审核。对发生的各项生产费用支出，应根据国家、上级主管部门和本企业的有关制度、规定进行严格审核。

（2）确定成本计算对象和成本项目，开设产品成本明细账。根据企业生产类型的特点和对成本管理的要求，确定成本计算对象和成本项目，并根据确定的成本计算对象开设产品成本明细账。

（3）进行要素费用的分配。对发生的各项要素费用进行汇总，编制各种要素费用分配表，按其用途分别计入有关的生产成本明细账。

（4）进行综合费用的分配。对记入“制造费用”“生产成本—辅助生产成本”和“废品损失”等账户的综合费用，月终采用一定的分配方法进行分配，并记入“生产成本—基本生产成本”以及有关的产品成本明细账。

（5）进行完工产品成本与在途产品成本的划分。通过要素费用和综合费用的分配，所发生的各项生产费用的分配，所发生的各项生产费用均已归集在“生产成本—基本生产成本”账户及有关的产品成本明细账中。

（6）计算产品的总成本和单位成本。在产品成本明细账中计算出的完工产品成本即为产品的总成本。

甲村集体经济组织统一经营的砖瓦厂生产一批青砖，共计发生下列支出：领用库存煤炭10 000元，取土时支付临时人员工资4000元，生产过程中支付生产工人工资16 000元。生产期间制砖设备应提折旧1000元。该批青砖已验收入库。

(1) 领用煤炭时，村集体经济组织生产成本增加，库存物资减少，借记“生产（劳务）成本”账户，贷记“库存物资”账户。会计分录为：

借：生产（劳务）成本

—青砖 10 000

贷：库存物资—煤炭 10 000

(2) 支付临时人员工资时，村集体经济组织生产成本增加，库存现金减少，借记“生产（劳务）成本”账户，贷记“现金”账户。会计分录为：

借：生产（劳务）成本

—青砖 4 000

贷：现金 4 000

(3) 计提生产工人工资时，村集体经济组织生产成本和应付工资同时增加，借记“生产（劳务）成本”账户，贷记“应付工资”账户。会计分录为：

借：生产（劳务）成本

—青砖 16 000

贷：应付工资 16 000

支付生产工人工资时，村集体经济组织应付工资和库存现金同时减少，借记“应付工资”账户，贷记“现金”账户。会计分录为：

借：应付工资 16 000

贷：现金 16 000

（4）提取制砖设备折旧时，村集体经济组织生产成本和累计折旧同时增加，借记“生产（劳务）成本”账户，贷记“累计折旧”账户。会计分录为：

借：生产（劳务）成本

—青砖 1000

贷：累计折旧 1000

（5）青砖验收入库时，结转该工业品生产成本，增加库存物资,借记“库存物资”账户,贷记“生产（劳务）成本”账户。会计分录为：

借：库存物资—青砖 31 000

贷：生产（劳务）成本

—青砖 31 000

在企业的成本管理中，预测、决策、分析、控制和核算是密不可分的。在预测、决策中要进行成本分析，要对企业之前核算的数据进行研究，并且核算的数据也是其他各个环节能够推进的依据。

市场经济条件下，企业想要在竞争中立于不败之地，必须做好成本核算工作，降低生产成本。

采购是成本控制的源头

采购成本控制，是指对与采购原材料部件相关的物流费用的控制，包括采购订单费用、采购计划制订人员的管理费用、采购人员的管理费用等。

采购成本是企业经营成本中最大的一部分，一般在 40%~70% 之间。有一项研究表明，降低采购成本的 1%，对企业利润增长的贡献平均为 10% 以上。因此，控制采购成本对企业来说意义重大。

1. 建立、完善采购制度

采购工作涉及面广，并且主要是和外界打交道，因此，如果企业不制定严格的采购制度和程式，不仅采购工作无章可依，还会给采购人员提供暗箱操作的温床。

通常，企业的采购流程如图 6–2 所示。

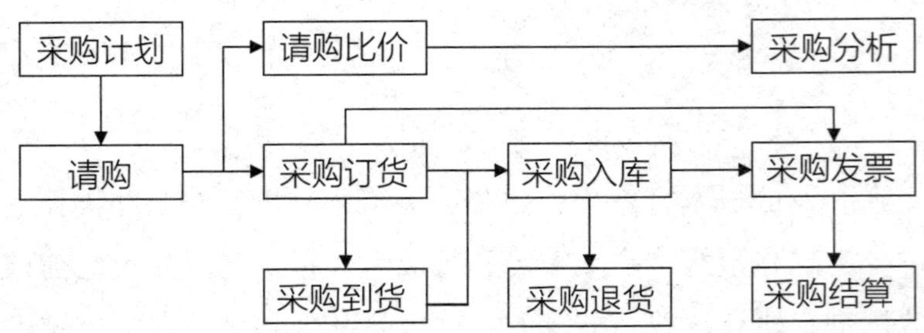

图 6–2 企业采购流程

完善采购制度可从以下几个方面着手。

（1）建立严格的采购制度。建立严格、完善的采购制度，不仅能规范企业的采购活动、提高效率、杜绝部门之间扯皮，还能预防采购人员的不良行为。

（2）建立供应商档案和准入制度。对企业的正式供应商要建立档案，对重点材料的供应商必须经质检、物料、财务等部门联合考核后才能进入。

（3）建立价格档案和价格评价体系。企业采购部门要对所有采购材料建立价格档案，对于重点材料的价格，要建立价格评价体系。

（4）建立材料的标准采购价格，对采购人员根据工作业绩进行奖惩。

2. 降低材料成本的方法

降低材料成本的方法如下：

（1）通过付款条款的选择降低采购成本。如果企业资金充裕，或者银行利率较低，可采用现金交易或货到付款的方式，这样往往能带来较大的价格折扣。

（2）把握价格变动的时机。价格会经常随着季节、市场供求情况而变动，因此，采购人员应注意价格变动的规律，把握好采购时机。

例如，甲公司的主要原材料聚碳酸酯（PC塑胶），年初的价格为2.8美元/公斤，而到了8、9月份，价格上升到3.6美元/公斤。如果采购部门能够把握好时机和采购数量，会给企业节省很大一部分资金。

（3）以竞争招标的方式来牵制供应商。对于大宗物料的采购，一个有效的方法是实行竞争招标，通过供应商的相互比价，企业往往能够得到底线价格。

（4）向制造商直接采购。向制造商直接订购，可以减少中间环节，降低采购成本，同时制造商的技术服务、售后服务会更好。

（5）选择信誉佳的供应商并与其签订长期合同。与诚实、讲信誉的供应商合作，不仅能保证供货的质量、及时的交货期，还可得到其付款及价格的关照，特别是与其签订长期的合同，往往能得到更多优惠。

（6）充分进行采购市场的调查和资讯收集。一个企业的采购管理要达到一定水平，应充分注意对采购市场的调查和资讯的收集、整理，只有这样，才能充分了解市场的状况和价格的走势，使自己处于有利地位。

2002年，美心公司与大多数高速发展的企业一样，开始面临增长瓶颈。掌门人夏明宪毅然采取以利润换市场的策略，大幅降低产品价格。然而，降价不久，风险不期而至，原材料钢材的价格突然飚升。继续低价销售——卖得越多，亏得越多；涨价销售——信誉扫地，再难立足。面对两难抉择，降低成本，尤其是原材料的采购成本就成了美心生死攸关的“救命稻草”！

夏明宪向采购部下达指令：从现在开始的三年内，企业的综合采购成本，必须以每年平均10%的速度递减。

在夏明宪的带动下，美心员工开始走出去，从习惯坐办公室到习惯上路，超越经验桎梏，于不知不觉中形成了一套降低采购成本的管理模式。

1. 联合采购，分别加工

针对中小供应商，美心将这些配套企业联合起来，统一由其出面采购原材料。由于采购规模的扩大，综合成本减少了20%。配套企业从美心领回原材料进行加工，生产出来的半成品直接提供给美心，然后凭验收单到美心的财务部领取加工费。同时随着原材料成本的降低，配套企业也更具竞争力，规模扩大，价格更低，形成良性循环。

2. 原材料供应，战略伙伴

针对上游的特大供应商，即国内外大型钢铁企业，美心的做法是收缩采购线，率先成为其中一两家钢厂的大客户，乃至于战略合作伙伴。而钢厂面向战略合作伙伴的价格比普通经销商低5%~8%，比市场零售价低15%。于是仅2002年的一次采购，美心就比同行节约成本近1000万元。

随着采购规模的与日俱增，美心人开始有了和钢厂进一步谈判的砝码。应美心的要求，钢厂定期向美心提供钢材的价格动态，并为美心定制采购品种。比如过去钢板的标准尺寸是1米，而门板尺寸是90厘米，其中多出的10厘米就只能裁下来扔掉。现在钢厂为美心量身定制生产90厘米钢板，就大大减少了浪费，节约了成本。

3. 新品配套，合作共赢

对于新配套品种的生产，由于配套企业需要增加大量投资，导致新配套产品与其他配套产品相比，价格大幅增加。美心就以品牌、设备、技术、管理等软硬件向生产方入股，形成合作；合作条件为，美心公司自己使用的产品，价格只能略高于生产成本。这样一来，合作方在新品的生产上减少了投入，降低了风险；同时，美心也降低了配套产品的采购成本，增加了收入。于是各方受益，皆大欢喜……

4. 循环取货，优化物流

解决了原材料和配套产品的采购问题，美心还与配套企业携手合作，从物流方面进行优化。美心聘请了一家第三方物流供应商，由他们来设计配送路线，然后到不同的配套企业取货，再直接送到美心的生产车间。这样一来，不仅节约了配套企业的运送成本，提高了物流效率，更重要的是，把这些配套产品直接拉到生产车间，保持了自身很低的库存，省去了大量的库存资金占用。

美心通过与原材料供应商及配套企业的携手合作，使原材料厂商拥有了稳定的大客户，配套企业降低了生产风险，而自身则在大大降低成本的同时，扩大了产销量，形成了各方共赢的局面。

2002年，美心门的产销量同比翻了一番，美心的综合采购成本下降了17%，同比全行业的平均水平低23%！美心公司成为唯一在原材料价格暴涨时期维持低价政策的企业，企业形象如日中天，渠道建设终于根深叶茂。

美心的案例告诉我们，控制采购成本对一个企业的经营业绩至关重要。采购成本下降，不仅体现在企业现金流出的减少，而且直接体现在产品成本的下降、利润的增加，以及企业竞争力的增强。

随着全球化竞争越来越激烈，采购被视为企业挖掘潜在利润的"第三利润源"，控制采购成本应成为企业管理者和采购从业者的工作重点。

生产环节是成本控制的重点

随着市场经济的发展，企业的生产成本控制水平，已成为衡量企业是否具有竞争优势的重要标志之一。企业之间的竞争在很大程度上是成本的竞争。

那么，企业如何降低生产成本呢？其中一个重要环节，就是生产过程的成本控制。

生产过程成本控制，就是指在生产过程中对生产消耗的监督和控制，使其不超过计划和定额，以便不超过总的目标成本，保证企业经营能够盈利。

1. 制定成本标准

成本标准是成本控制的准绳，成本标准首先包括成本计划中规定的各项指标。但成本计划中的一些指标一般都属于比较综合性的，还不能满足具体控制的要求，这就必须规定一系列具体的标准。确定这些标准的方法，大致有三种：

（1）计划指标分解法。计划指标分解可以按部门进行，也可以按不同产品和各种产品的不同阶段等进行。

（2）预算法。制定控制标准是成本控制的关键。预算可以是短期的，也可以是长期的。通常企业可以采取弹性预算的方式进行。

（3）定额法。即建立起定额和费用开支限额，并将这些定额和限额作为控制标准来进行控制。在企业里，凡是能建立定额的地方，都应把定额建立起来，如材料消耗定额、工时定额，等等。实行定额控制的办法有利于成本控制的具体化和经常化。

确定了成本标准，那么采用何种方法来控制成本呢？企业成本控制的主要方法如表 6–1 所示。

表 6–1 成本控制对照表

方法	特点	要素	优势
生产成本管理法	精确分摊成本	资源、生产、动因	合理分配费用 提供成本信息 提升竞争能力
战略成本管理法	明确战略定位	规划、控制、评价	适应发展要求 开阔管理视野 支撑竞争战略
生命周期成本管理法	着眼产品生命周期	企业、用户、社会	均衡分配比例 满足客户要求 担负社会责任
全面成本管理法	全员参与全程控制	主体、对象	推动企业持续改进

2. 监督成本的形成

监督成本的形成，就是根据控制标准，对成本形成的各个项目，经常地进行检查、评比和监督。不仅要检查指标本身的执行情况，还要检查和监督影响指标的各项条件，如设备、工艺、工具、工人技术水平、工作环境等。

（1）材料费用的日常控制。如供应部门材料员要按规定的品种、规格、材质实行限额发料，监督领料、补料、退料等制度的执行。

（2）工资费用的日常控制。主要是指车间劳资员对生产现场的工时定额、出勤率、工时利用率、劳动组织的调整、奖金、津贴等的监督和控制。

（3）间接费用的日常控制。车间经费、企业管理费的项目很多，发生的情况各异，其中，有定额的按定额控制，没有定额的，按各项费用预算进行控制。

贵州轮胎股份有限公司实施“以过程控制为核心”的成本管理，将成本管理贯穿于轮胎生产的每个环节中，降低了生产成本。2006 年 1 ～ 11 月份，降低生产成本 1300 万元。这项以过程控制为核心的成本管理，于 2006 年获得了第七届贵州省级企业管理现代化创新成果一等奖。

为了实现通过管理降低生产成本，争取最大的利润，增强企业的竞争能力，多年来，该公司一直把降低生产过程制造成本作为工作的重点。

进入 2006 年，以生产现场为重点的成本管理组织体系为平台，通过树立流程分析、应用适时控制、动态调整的办法，建立成本活动的月度分析制度，突出有效成本管理的事前策划、事中控制和事后分析改进，排除生产制造过程中的各种浪费现象等手段，实现生产过程的成本持续降低，创新了成本管理思路，实现了较好的经济效益，仅轮胎生产的主要材料尼龙帘布的损耗这一项，年节约成本就达200万元。

此外，该公司还充分利用ERP系统资源确保数据收集的真实性和准确性，从而确保成本全过程控制的实效性，狠抓成本产生的源头和过程控制，实现成本的持续稳定受控。在此基础上，还建立了生产现场成本控制周例会和月度成本活动分析制度平台。

通过一系列有效措施，该公司生产过程定额、物资消耗，以及其他消耗成本均有不同程度的降低，均创历史同期最好成绩。

3. 及时纠正偏差

针对成本差异发生的原因，查明责任者，分别情况，分别轻重缓急，提出改进措施，加以贯彻执行。对于重大差异项目的纠正，一般采用下列程序：

（1）提出课题。从各种成本超支的原因中提出降低成本的课题。这些课题首先应当是那些成本降低潜力大、各方关心、可能实行的项目。提出课题的要求，包括课题的目的、内容、理由、根据和预期达到的经济效益。

（2）讨论和决策。课题选定以后，应发动有关部门和人员进行广泛的研究和讨论。对重大课题，要提出多种解决方案，然后进行各种方案的对比分析，从中选出最优方案。

（3）确定方案实施的方法、步骤，以及负责执行的部门和人员。

（4）贯彻执行确定的方案。在执行过程中也要及时加以监督检查。方案实现以后，还要检查方案实现后的经济效益，衡量是否达到了预期的目标。

总之，与材料成本控制一样，生产效率的提高是一件非常复杂的事情，它是多个部门联合工作的结果。产品生产出来以后，成本太高、效率不高、质量不高、交货期晚……这些问题并不是生产部门自己就能够控制的，需要企业领导者从上到下严抓严管。

不要让管理费用增加成本

管理费用，是指企业行政管理部门为组织和管理生产经营活动而发生的各项费用。它属于期间费用，在发生的当期就计入当期的损失或是利益。

管理费用具体包括的项目有：工资福利费、折旧费、工会费、职工教育经费、业务招待费、房产税、车船使用税、土地使用税、印花税、技术转让费、无形资产摊销、咨询费、诉讼费、坏账损失、公司经费、劳动保险费、董事会会费等。

（1）制定严格的预算标准。根据企业的实际情况，选择恰当的管理费用预算控制制度。管理费用预算控制制度主要有固定预算、弹性预算、滚动预算和零基预算。企业要分析每一种预算制度的优缺点，进行取舍。

企业的年度管理费用预算表，可以参考表 6-2 的形式进行编制。

表 6-2 企业的年度管理费用预算表（可控制费用）

序号	费用管理	一季度	二季度	三季度	四季度
1	差旅费				

（续表）

序号	费用管理	一季度	二季度	三季度	四季度
2	办公费				
3	修理费				
4	物料消耗				
5	低值易耗品				
6	研究开发费				
7	技术转让费				
8	开办费				
9	咨询费				
10	审计费				
11	租赁费				
12	中介机构费				
13	诉讼费				
14	水电费				
15	邮电费				

（2）根据费用预算，对相应的管理费用实行限额法，同时与员工的销售业绩直接挂钩，最大程度降低费用成本，控制定额费用支出。

例如，规定业务经办单位或人员出差时，住宿费每晚不超过××元，每天生活补贴不超过××元，等等。

（3）分解费用指标，落实费用责任主体，建立必要的管理费用开支授权审批制度。

例如，报销业务招待费时，应一事一单，不得合并填报。公司董事会成员因工作需要住宿费超过××元标准的，经财务总监批准后方可报销，等等。

（4）对于已列入预算但超过开支标准的费用项目，应由相关部门提出申请，报上级授权部门审批。

（5）建立费用支出内部报告制度，实时监控费用的支出情况，发现问题及时上报有关部门，对费用责任主体进行考核。如财务人员发现经营部门的某项费用指标超进度，应及时提出。

（6）加强对费用的监督检查，明确监督检查人员的职责权限，定期和不定期地开展检查工作。比如，检查费用授权批准制度、费用预算执行情况，等等。

（7）管理费用分析制度的设计：定期编制管理费用执行情况分析表，通过比较费用计划数与实际数，累计进度与实际进度率，分析差异产生的原因，并将其作为奖惩依据，以便改进未来工作。

2008年是宝钢等国内钢铁企业面临的外部环境最为严峻的一年，需求和出口突然出现了严重萎缩，致使钢材价格急剧下跌，多数碳钢品种钢材价格降幅超过40%。

"钢铁市场已经从多年的'供不应求'转变为长期的'供大于求'，宝钢也要思考如何对变化的市场情况下的经营和管理模式进行全面调整。"在宝钢的年度工作会议上，当时的宝钢集团领导人徐乐江对宝钢员工提出了一连串问题。

在反思需要更多走向市场的同时，徐乐江也对宝钢内部管理和决策进行了"重审"。他坦陈，高成本、高费用是宝钢存在的老问题，尤其是居高不下的管理费用，一直没有得到有效控制。

的确，与国内众多的民营钢铁企业相比，宝钢、武钢等大型钢厂虽然拥有高端的生产线，但在成本控制方面确实有所不及，多年来其生产高附加值钢材产品的高利润空间，也掩盖了这一点。

"在钢材价格高企、利润率较高的情况下，大家都失去了警觉，即使关注到了，也仅是一种担忧。一旦市场低迷，价格下跌，成本劣势就凸现出来。高投入、高管理费用和高人工成本已经对宝钢的经营绩效改善形成了明显制约。如果不能切切实实地把成本降下来，宝钢最终会被市场竞争淘汰。”徐乐江指出。

为了控制管理成本，宝钢定下目标，深入开展管理费用清理与改善，当年管理费用要下降三成。

随即，宝钢集团开始管理费用使用情况的清理。公司安排了由监察、审计等部门组成的5个检查组对集团部分单位进行了抽查，想看一看管理者是怎样使用这些费用的。情况表明，尽管公司一再强调规范使用和节约使用管理费用，但有些单位的管理者还是不以为然，既不节约，也不规范。

在集团领导的督办下，企业各监察、审计等部门持续进行检查清理，所有发现的问题，都留下相关的记录，并责令立即整改。

宝钢采取的一系列措施，基于“费用流向透明化、费用分析精细化、费用下降全面化、费用控制责任化”的原则，系统评估各项费用的管理现状，分析费用上升的深层次原因，挖掘降低费用的潜力，明确工作目标、责任单位和进度要求，落实检查、跟踪和评价措施，既控制了当前费用支出，又形成了长效机制，使企业保持了活力和竞争力。

总之，企业如果想降低和控制管理费用，就必须搞好预算管理，加强审核控制，建立健全各项费用管理制度，严格按照制度规定控制费用支出。

抑制过高的人工成本

企业的人工成本，是指一定时期内企业在生产经营和提供劳务活动中，使用劳动力而发生的各项直接和间接的费用总和。

1. 人员并不是越多越好

现代企业的竞争是人才的竞争，人力资源的优势就是企业竞争的优势。对于一个企业来说，招聘人员很重要，但如果从利润、效益的角度来说，并不是用的人越多越好。

企业员工的招入如果得不到完善、有力的管理，不但不会增强企业的竞争力，还会影响企业的人工成本核算和生产效益，使企业蒙受损失。

M 企业经历十几年的艰辛创业和发展，已成长为一家集技术投融资、项目建设和项目托管于一体的综合性专业环境工程公司。凭借雄厚的技术力量，公司拥有多项国家重点环境保护实用技术示范工程，并在印制线路板、废水治理、电镀废水治理、印染废水处理、食品等高浓度有机废水处理和生活污水处理等领域形成了一套成熟、稳定的处理工艺。

M 公司的人员也由最初的十几人发展到现在的 300 多人。由于发展速度很快，部门也逐渐增加，组织架构也处于经常的调整之中，投资公司、子公司、独立托管项目部也在短短的几年相继成立和运营。

在企业的快速成长过程中，老板很困惑：成立一个投资公司 / 子公司 / 项目部，各负责人就会说人不够，逼着老板签字招人，而且人总是不够。负责人力资源的总经办也拿不出很好的建议，能压就压，压不住就逼到老板这里来了。财务中心年底进行利润核算，看不到预期利润。企业内部出现了营销中心“签单很热闹”、财务中心“资金运营紧张”、总经办“工资成本逐年水涨船高”、员工抱怨“收入偏低”的现象。下属和管理人员抱怨：“老板真小气，销售额越来越高，怎么发的工资没见涨多少？”财务部门也抱怨：“管理费用太高，能发的工资就这么多，总经办怎么不控制人员？”总经办更是觉得冤枉：“老板要扩展业务，我能不花钱招人进来吗？再说平均工资涨得很少啊。”

以上情景在许多企业里应该都不陌生。那么，到底多少人工成本才算合适呢？企业又应该如何控制人工成本呢？

2. 企业如何控制人工成本

（1）指定人工成本管理的组织机构及人员。企业的人工成本管理是一项系统工程，要求企业必须有系统地、全员、全方位、全过程地进行这项工作。在企业内部应建立以劳资部门为主的人工成本管理体系，对各项人工成本预算要严格审核，对预算外费用要严格监控，履行必需的审批程序，经批准后方能执行，努力降低人工成本。

（2）建立人工成本费用统计台账。企业要进行人工成本管理，就要严肃人工成本报表制度，健全与人工成本有关的劳动工资、保险福利统计报表制度和财务报表制度，建立人工成本统计台账。统计台账主要包括9个部分：人工成本汇总台账、工资内外收入台账（应含支付职工的全部劳动报酬）、社会保险台账、职工福利费用台账、教育培训费用台账、职工住房费用台账、非本单位职工的人工成本台账、其他人工成本台账、劳动保护费用台账。

人工成本包括很多费用支出，具体可参考图6–3所示。

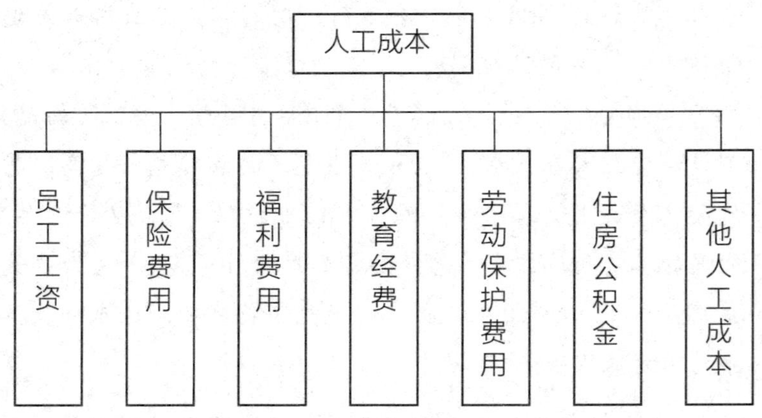

图 6–3　人工成本的费用支出

（3）建立人工成本分析模型。企业的经营活动是相互联系的，指标之间存在着相互依存的关系。企业应建立人工成本分析模型，其目的是使企业领导者能清晰、全面地了解人工成本的构成、数量和指标之间的关系，为提高企业管理水平提供帮助。

（4）确定人工成本的控制目标。理想的人工成本分析结果应该是倒U型的，即“二低一高”：高人均人工成本，低人工成本含量，低人事费用率或劳动分配率。要知道，人工成本管理并不是要减少企业人工成本的绝对额，人工成本的绝对额必将随着社会经济的发展而不断提高，这是一个总的趋势。

（5）建立人工成本费用预算制度。预算是管理控制活动中广泛运用的一种方法，它是用数字形式编制的未来一定时期的计划。利用预算，有利于管理者对各单位、各部门的人工成本管理工作进行评价和控制。人工成本主管部门应拟定预算管理制度，使人工成本预算管理制度化、程序化、规范化。

（6）建立人工成本费用结算制度。企业应在每年财务决算后召开人工成本结算会，按照有关财务规定，按照建立的台账，及时、准确、完整地对人工成本进行结算，对比年初的人工成本预算方案，计算节约超支的额度，并分析人工成本总量指标、结构型指标和相对比率型指标，对比人工成本控制目标，包括绝对指标和相对指标，看看人工成本是否进行了有效控制，看看是否达到了增收节支的目的。

人工成本管理本身是一个系统工程，随着经济体制改革的不断深入，企业在建立现代企业制度的过程中，必须重视人工成本管理，加强人工成本统计与分析，减少无效人工支出，提高劳动生产率，实现人工成本投入产出比的最优化，以增强企业的活力与市场适应能力，提高市场竞争力。

从上到下，全员参与成本控制

在现代企业中，尤其是中小企业，成本控制存在一个很大的问题：成本意识普及度不够，整个企业从上到下没有形成一个成本控制的共识氛围。例如，老板自己想控制成本，对员工却缺少约束，没有好的策略和方法；财务部门想控制成本，管理权却十分有限；一线员工有控制成本的想法和意识，领导却不重视。

通常，企业的成本控制主要有以下两个误区：

（1）成本控制是老板和领导的事，和我无关。很多员工都认为：成本高低只决定了老板赚不赚钱，我只是个拿工资的，跟我没关系，多赚也不会分我一点，少赚或不赚，也少不了我的工资。老板认为成本控制应该掌握在少数的高管手里，如果让所有员工都知道成本，员工就不好管理了。

（2）成本控制是财务部门的事，和我无关。很多员工都认为：钱都是从财务部门出去的，都是财务人员花的，这是他们的事，归他们管，我们管不着，也没权管。老板认为成本就是钱的问题，我请的财务会计就是管钱的，这是他的事，他得给我管好。

怎样走出这个误区呢？我们先来看看马云是怎么说的。

> 早在2000年底，阿里巴巴遭遇第一次危机，账面现金最多能撑半年，不得不进行大裁员。之后，马云说：“控制成本其实没有什么秘诀，就是做到花每一分钱都很小心。我们的公关部门，公关预算几乎为零，请别人吃饭是自己掏钱。我自己应该是网络公司里最寒酸的CEO了，出差住酒店只住三星级的。我们不是用钱去做事，而是用脑子去做事。”

作为一个企业的领导者，要先从自身做起，身体力行，在一些小事上，在细节处开始控制成本。上行下效，领导以身作则，下面的员工自然就会有一种良性反应，这是成本控制的最佳效应。

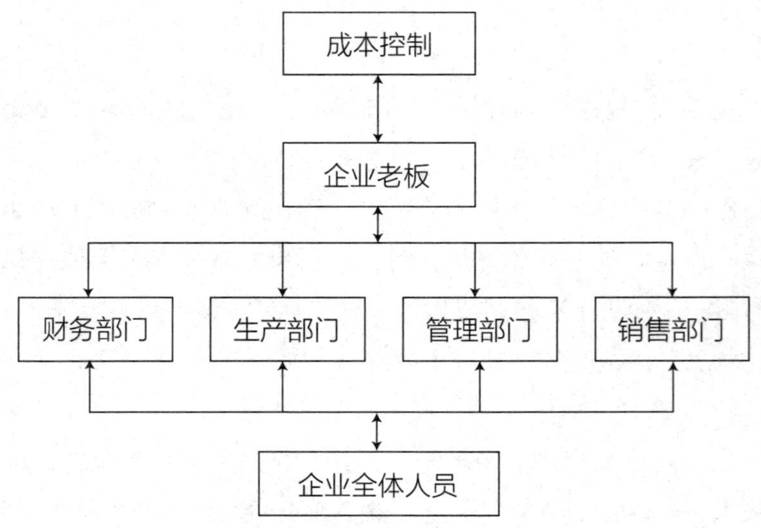

图6–4　企业全员参与成本控制

成本控制是一个系统工作，贯穿于企业的各个业务环节、各个职能部门，这不是单纯靠老板或少数管理人员就能实现的。只有提高员工的参与度，凝聚每一位员工的力量，全员参与，企业的成本控制才能做好。如图 6-4 所示。

我们来看一下全球零售业巨头沃尔玛是怎样做成本控制的。

沃尔玛的成本控制能力最终来源于什么？来源于竞争资源，也就是说企业资源是围绕着控制成本来运行的。

同时，沃尔玛的低成本业务流程是非常重要的。沃尔玛有两项制度来保证成本控制，一种是配送中心，还有一种是信息系统。

沃尔玛在全球建立了 62 个配送中心，为 450 多家店铺进行配送，配送半径最远为 500 公里。沃尔玛大约 80 个店铺需要建立一个配送中心，10 万平方米的店铺面积一般有 1 万平方米左右的配送中心，配送中心有 6 个，比如有服装的配送中心、进口商品的配送中心、退货的配送中心等。

在中国，沃尔玛的物质设备就是信息系统。沃尔玛的信息系统建设累计投入已经达到 7 亿美元，很多扫描系统都是在全球零售业最早开始使用的。不断进行的信息系统的开发和建设，使沃尔玛总部在一个小时之内可以对全球的店铺库存和销售情况进行盘点，可以及时了解销售情况，也能够使厂商了解自己的产品卖得如何。这两种物质设备都是围绕着成本控制进行的。

沃尔玛有独特的组织制度和文化，不过这些制度和文化本质上是为控制成本服务的。

沃尔玛对员工的要求是要忠于顾客。忠于顾客的内涵就是提供有价值的商品给顾客，忠于顾客的外延就是实行天天低价，为顾客节省每一分钱。这不仅仅是制度，这已经成为沃尔玛的文化。

沃尔玛在企业和员工间建立了伙伴关系。每一位员工都是沃尔玛的合伙人。员工在退休的时候、离开沃尔玛的时候，会分享到一部分利润分成。另外，员工也可以以比较低的价格买沃尔玛的股份。

从零售业巨头沃尔玛的实例可以看出，企业的成本控制绝不仅仅是老板、高管或是财务部门的事，它涉及企业的方方面面，任何一个环节控制不力，都可能导致成本上升。健康良性的成本控制，应该是从上到下，全员参与其中。毫不夸张地说，对成本控制的重视要像沃尔玛一样，把它提升到企业核心文化的高度。

|第七章|

FINANCE

薪酬激励
士气高昂才能打胜仗

7

在现代企业中，员工最关心的就是自身利益的问题，也就是薪酬。

公平合理的薪酬体系是形成团队凝聚力的重要保证，是激发每一个员工积极性和创造性的根本驱动力。

薪酬管理事关士气，不能马虎

薪酬管理，是在组织发展战略指导下，对员工薪酬支付原则、薪酬策略、薪酬水平、薪酬结构、薪酬构成进行确定、分配和调整的动态管理过程。

薪酬管理对企业的作用和意义，主要体现在以下几个方面：

（1）薪酬管理是管理者人本管理思想的重要体现。薪酬是对劳动者提供劳动的回报，是对劳动者各种劳动消耗的补偿，因此薪酬水平既是对劳动者劳动力价值的肯定，也直接影响着劳动者的生活水平。

所谓以人为本的管理思想，就是要尊重人力资本所有者的需要，解除其后顾之忧。如果一个组织提倡以人为本，其薪酬制度却不能保证员工的基本生活水平，是很难想象的。

在物质生活水平日益提高的今天，管理者不仅要保证员工的基本生活，更要适应社会和个人的全方位发展需要，为员工提供更全面的生活保障，建立适应国民经济发展水平的薪酬制度。

（2）薪酬战略是企业的基本战略。一个企业有许多子战略，例如市场战略、技术战略、人才战略等，其中的薪酬战略是人才战略的最重要组成部分，因而也是一个企业的基本战略之一。一个优秀的薪酬战略应该能对企业起到四个作用：①吸引优秀的人才加盟；②保留核心骨干员工；③突出组织的重点业务与重点岗位；④保证组织总体战略的实现。

（3）薪酬管理影响企业的盈利能力。薪酬对于劳动者来说是报酬，对于企业来讲也意味着成本。虽然现代的人力资源管理理念不能简单地从成本角度来看待薪酬，但保持先进的劳动生产率，有效地控制人工成本，发挥既定薪酬的最大作用，对于增加企业利润，增强企业盈利能力，进而提高企业的竞争力无疑有着最直接的作用。

企业如何进行薪酬管理，反映了决策者的价值观，如能长期积淀，还会形成特定的企业文化。由此可见，薪酬管理不仅是企业得以吸引优秀劳动力和人才的首要因素，也是企业育人、激人、留人的成败。

小宋在一家公司就职，公司业务比较稳定，员工有七八十人，薪水都比较一般。同行业的薪酬都调过好几回了，但小宋公司的薪水常年在原地踏步，除非政府硬性规定提高规范线，不然是不会涨工资的。

工作时间长了，小宋认识了同行业的一些朋友，平时没事也会一起聚聚，也会聊到各自的工作、薪酬。不比不知道，一比吓一跳，小宋发现自己的薪水跟他们一比，差得太多了。当下小宋就犯了嘀咕：我是不是该换换工作了？

小宋所在公司的薪资在行业内处于垫底位置，怪不得员工一个个都懒懒散散的。面对这样的景象，小宋决定换工作了。辞职后，经朋友介绍，小宋去了另一家公司，因经验丰富，一个月就转正了，薪资高出原来80%，福利也比原来公司多出50%。尽管工作要比原来忙一些，但收入是实实在在的。

得知小宋换工作后工资涨了不少，原公司同事也动了换工作的心思。一个月内辞职了5个，第二个月又辞职了5个。对于这家只有几十号人的公司来说，一个月走几个，公司很快就人手紧缺了。但老板对此并没有加以重视，而是觉得“无所谓啦”“找工作的人大把大把的”“要走就走吧”“我看他们也不怎么样啦”，轻松得很。

员工不断离职，企业不得不开始招人。人事部开始四处招聘，但因为薪资仍没有任何变化，结果一个多月过去了，收到的简历不到10份，而且全都是没有工作经验的新手、实习生。对此，人事部负责招聘的主管也很无奈。

没办法，人事部主管把问题反映到老板那里，终于，老板开始急了，他动用关系想招一批有经验的员工进来，但人家一问薪资，头也不回就走了。

老板这才反应过来，薪资不是一件小事，再不涨工资，公司要开不下去了。老板让人事部去考察行业内的薪资标准。后来，提高了薪资待遇，公司才慢慢招到了人。

这个案例告诉我们，薪酬管理是否科学合理，直接影响到企业能否吸引和留住人才。好的薪酬管理制度能够很好地激励员工，激发员工的工作积极性，使之更好地为公司创造价值。反之，则会使员工消极怠工，甚至跳槽，导致公司出现“用人荒”，影响企业的发展。

巧妙设计合理的薪酬体系

薪酬是员工向企业提供劳动而获得的各种补偿，是企业支付给员工的报酬。薪酬包括经济性薪酬和非经济性薪酬两大类，经济性薪酬分为直接经济性薪酬和间接经济性薪酬。

市场经济中，一些企业的薪酬体系能留住人才，调动员工的工作积极性；而另一些企业的薪酬体系却使员工抱怨不止。这就说明，薪酬体系的设计必须遵循一定的原则和要求来进行。

沈阳一家公司从成立之初便认为，动漫产业的发展需要产业链的形成，需要产业链上的不同环节相互合作，一个产业的发展更是需要一个完善的产业链作为保障。

至此，该公司致力于打造中国动漫产业链中的专业加工、制作环节，将自身定位于专业动漫外包服务，以工业流水线的标准和流程打造动漫外包的规模化、标准化生产流程，努力成为中国最专业的动漫外包工厂。

据了解，沈阳这家公司自成立以来，一直没有做过科学的、系统的职位评价。公司没有认识到职位评价是薪酬管理工作的重要基础性工作，各个层级员工的薪酬定级仅凭主管人员的主观印象，没有体现出岗位的直接价值，员工意见较大。

为了保证企业提供的薪酬具有竞争性，同时又不过大增加企业的人工成本，薪酬水平调查是薪酬体系设计中不可缺少的一个环节。因此，该公司以市场薪酬水平调查数据为依据，主要参考了沈阳市2008年部分职位（工种）的工资指导价位，从而获得了区域内相关岗位的市场薪酬水平，为下一步的企业薪酬水平定位奠定了基础。

这个案例告诉我们，薪酬设计并不只是简单地谈收入高低，而是指薪酬体系的合理性、合法性、适宜性。一个科学的、系统的、合理的薪酬体系，能够很好地激发员工的工作热情。

那么，企业该如何设计薪酬体系呢？

1. 薪酬体系制定的原则

有竞争力的薪酬体系包括两个方面：

（1）内部的公平性和公正性。这是薪酬体系制定的基础。薪酬体系在内部要保持相对的透明度。管理者要考虑的是横向的公平，在同一层级之间，其薪酬标准、考核要素要具有一致性；管理者还要考虑纵向的公平，即薪酬体系的设立要考虑员工未来的延续性，保持适当的增长速度。

（2）薪酬体系的竞争力。其竞争力包括两个方面：

外部的竞争力。在进行薪酬体系设计的过程中，要参考同行业的薪酬结构和薪酬水平，同时对于同职位的薪酬情况也要进行借鉴。这些可以成为企业制定薪酬的标准。企业要在薪酬的多个要素之间寻求平衡。

食品经销商C企业的管理者要制定薪酬体系，参考了行业内A、B两个企业的薪酬结构，A、B两企业的业务主管的薪酬体系如表7–1所示，我们看一下哪个企业的薪酬更具有竞争力。

表7–1 A、B两企业的业务主管薪酬体系对比

食品经销商	基本工资	绩效工资
A企业	2100元	3000元
B企业	2000元	3500元

A企业的薪酬结构中，其业务主管的基本工资是2100元，绩效工资是3000元；而B企业的薪酬结构中，其业务主管的基本工资是2000元，绩效工资是3500元。通过对比我们可以看出，B企业的薪酬竞争力高于A，虽然最后的结果可能是B企业的业务主管最终也拿不到那全额的绩效工资，但从薪酬的竞争力上看，是强于A企业的。对于食品经销商C企业来说，完全可以借鉴同行的经验。

内部的竞争力。企业应保证有一个公平的竞争环境。在薪酬设计时，必须要考虑如何更好地激励内部员工的工作积极性。其核心是要能够体现“多劳多得”的思想。

企业最怕员工之间互相攀比薪酬，而不互相学习对方的长处。对于工资略低的员工而言，这是一种打击，甚至会直接挫伤员工的工作积极性。

因此，在设计薪酬体系时，可以参考多个指标，比如除工资外的荣誉、培训机会、休假、奖金，等等。

2. 薪酬体系制定的要点

构建一个富有竞争性和激励性的薪酬体系，可以从以下几个方面着手。

（1）制定薪酬战略。薪酬战略是人力资源战略的分解和细化，是企业战略的重要支撑。企业在进行薪酬战略的设计与制定时，应该从企业整体发展战略的角度出发，并努力使薪酬战略与之相匹配，才能强化企业在人才市场上的竞争力。

（2）开展薪酬市场调查。确定员工的薪酬水平时要保持一个合理的度，既不能多支付，造成成本增加，也不能少付，难以保持企业发展所需的人力资源和对外竞争力。要做到这一点，企业就需要进行薪酬调查。

（3）建立岗位价值序列。企业需要公开透明地分析各岗位的岗位价值量，依据科学的方法对岗位价值进行测定并排序，依据排序结果确定岗位工资序列，使每个岗位、每个员工都清晰本岗位的岗位价值及在企业中的位置。

（4）确定薪酬结构。薪酬结构是组成薪酬量的各种成分及其在薪酬量中的比重，主要包括基本薪酬、奖金、津贴、补贴、福利几大部分。企业在确定薪酬结构体系时，可以参考图 7–1。

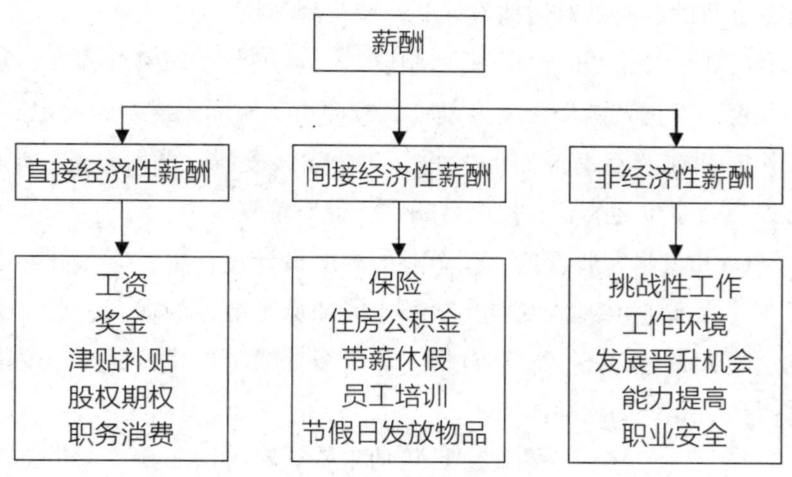

图 7-1 薪酬结构体系

基本薪酬。基本薪酬是员工收入的主要部分，也是计算其他薪酬收入的基础。基本薪酬表现出较强的刚性，一般能升不能降。

奖金。奖金分为绩效奖金和效益奖金，绩效奖金反映员工的工作业绩，效益奖金反映公司的经济效益。一方面，绩效奖金及效益奖金的缺少，会导致薪酬与工作业绩、经济效益脱节，使薪酬缺乏激励效用；另一方面，如果主张奖金占主要比重，滥发奖金，那又是本末倒置了。

津贴、补贴。津贴、补贴是一种补偿性的劳动报酬，具有一定的灵活性。人们习惯把属于生产性质的称为津贴，把属于生活性质的称为补贴。在津贴、补贴设计中，要防止设置过滥和随意取消两种倾向。

福利。福利是企业为满足员工的生活需要，在工资收入之外，向员工本人及家属提供的货币、实物及一些服务形式。它分为法定福利和企业福利。

法定福利是根据政府的政策法规要求，企业必须向员工提供的福利，具有强制性，如五险等；企业福利是企业根据自身的特点，有目的、有针对性地设计的一些福利项目。

（5）建立薪酬制度。薪酬制度是以员工劳动的熟练程度、复杂程度、责任及劳动强度为基准，按照员工实际完成的劳动定额、工作时间或劳动消耗而计付的劳动薪酬。按照付酬对象的不同，可以分为职位薪酬制、技能薪酬制、资历薪酬制。

（6）职业生涯管理。在企业的薪酬设计过程中，应充分考虑员工个人职业生涯的发展，薪酬要能随员工能力的提高进行动态的适应性调整，不仅能够对员工形成短期激励作用，而且还要能够对员工起长期激励作用。

（7）确定年功工资比例。年功工资（资历制）是依据员工的个人年龄、工龄、学历、经历等要素来确定薪酬标准，年龄越大，企业工龄越长，薪酬越高。企业应科学合理地确定年功工资比例，一方面要鼓励员工忠诚于企业、与企业休戚与共；另一方面，在薪酬设计时，也不能让年资左右了一个人的工资水平。

总之，对企业领导者来说，要能够结合企业自身的情况，因地制宜，制定出合理的薪酬体系，这样方能为企业留住人才，为企业的发展提供动力。

科学合理的绩效考核

绩效考核，通常也称业绩考评或“考绩”，是针对企业中每个职工所承担的工作，应用各种科学的定性和定量的方法，对职工行为的实际效果及其对企业的贡献或价值进行考核和评价。它是企业人事管理的重要内容，也是企业强有力的管理手段之一。

绩效考核的目的是通过考核，提高员工的工作效率。有效的绩效考核，不仅能提高员工的工作效率，更可以激励士气，还能作为公平合理地酬赏员工的依据。

1. 一个与绩效考核有关的故事

我们可以先来看一个与绩效考核有关的故事。

18 世纪末期，英国政府决定把犯了罪的英国人统统发配到澳洲去。一些私人船主承包了从英国往澳洲大规模运送犯人的工作。英国政府实行的办法是以上船的犯人数支付船主费用。当时，那些运送犯人的船只大多是由一些很破旧的货船改装的，船上设备简陋，没有什么医疗药品，更没有医生，船主为了牟取暴利，尽可能地多装人，使船上的条件十分恶劣。一旦船只离开了岸，船主按人数拿到了政府的钱，对于这些人是否能够远涉重洋活着到达澳洲就不管不问了。有些船主为了降低费用，甚至故意断水断食。3 年以后，英国政府发现：运往澳洲的犯人在船上的死亡率达 12 %，其中最严重的一艘船上 424 个犯人死了 158 个，死亡率高达 37 %。英国政府费了大笔资金，却没能达到大批移民的目的。

英国政府想了很多办法。每一艘船上都派一名政府官员监督，再派一名医生负责犯人的医疗卫生，同时对犯人在船上的生活标准做了硬性规定。但是，死亡率不仅没有降下来，有的船上的监督官员和医生竟然也不明不白地死了。原来，一些船主为了贪图暴利，贿赂官员，如果官员不同流合污就被扔到大海里喂鱼了。政府支出了监督费用，却照常死人。

政府又采取了新办法，把船主召集起来进行教育培训，教育他们要珍惜生命，要理解去澳洲开发是为了英国的长远大计，不要把金钱看得比生命还重要。但是情况依然没有好转，死亡率一直居高不下。

一位英国议员认为是那些私人船主钻了制度的空子。而制度的缺陷在于政府给予船主报酬是以上船人数来计算的。他提出从改变制度开始：政府以到澳洲上岸的人数为准计算报酬，不论你在英国上船装多少人，到澳洲上岸的时候再清点人数支付报酬。

问题迎刃而解。船主主动请医生跟船，在船上准备药品，改善生活，尽可能地让每一个上船的人都健康地到达澳洲。一个人就意味着一份收入。

自从实行上岸计数的办法以后，船上的死亡率降到了1％以下。有些运载几百人的船只经过几个月的航行，竟然没有一个人死亡。

这个故事告诉我们，绩效考核的导向作用很重要，企业的绩效导向决定了员工的行为方式，如果企业认为绩效考核是惩罚员工的工具，那么员工的行为就是避免犯错，而忽视创造性，忽视创造性，就不能给企业带来战略性增长，那么企业的目标就无法达成；如果企业的绩效导向是企业目标的达成，那么员工的行为就趋于与企业目标保持一致，分解企业目标，理解上级意图，并制定切实可行的计划，与经理达成绩效合作伙伴，在经理的帮助下，不断改善，最终支持企业目标的达成。

2. 绩效考核的方法

绩效考核的方法有多种，下面简单介绍比较常见的一种——绝对评价法。绝对评价法又可分为以下几个方面。

（1）目标管理法。目标管理是通过将组织的整体目标逐级分解直至个人目标，最后根据被考核人完成工作目标的情况来进行考核的一种绩效考核方式。在开始工作之前，考核人和被考核人应该对需要完成的工作内容、时间期限、考核的标准达成一致。

在时间期限结束时，考核人根据被考核人的工作状况及原先制定的考核标准来进行考核。

例如，员工绩效考核评分表可参照表7-2来进行编制。

表7-2 员工绩效考核评分表

绩效考核要素	具体考核指标	姓名	姓名	姓名
一、主要工作职责及工作负荷（33分）	上级重要任务额完成情况（10分）			
	本岗位工作完成情况（10分）			
	工作质量（5分）			
	工作效率（8分）			
二、专业知识和技能（20分）	专业知识（10分）			
	岗位必需技能（10分）			
三、能力和行为（25分）	解决问题（5分）			
	学习能力（5分）			
	团队合作（8分）			
	沟通（7分）			
四、工作态度（22分）	责任心（7分）			
	主动性（7分）			
	服从性（4分）			
	出勤（4分）			
总分	满分100分	评分：	评分：	评分：

（2）关键绩效指标法。关键绩效指标法是以企业年度目标为依据，通过对员工工作绩效特征的分析，据此确定反映企业、部门和员工个人一定期限内综合业绩的关键性量化指标，并以此为

基础进行绩效考核。

（3）等级评估法。等级评估法根据工作分析，将被考核岗位的工作内容划分为相互独立的几个模块，在每个模块中用明确的语言描述完成该模块工作需要达到的工作标准。同时，将标准分为几个等级选项，如“优、良、合格、不合格”等，考核人根据被考核人的实际工作表现，对每个模块的完成情况进行评估。总成绩便为该员工的考核成绩。

（4）平衡记分卡法。平衡记分卡法从企业的财务、顾客、内部业务过程、学习和成长四个角度进行评价，并根据战略的要求给予各指标不同的权重，实现对企业的综合测评，从而使得管理者能整体把握和控制企业，最终实现企业的战略目标。

绩效考核本质上是一种过程管理，而不是仅仅对结果的考核。通过科学合理的绩效考核，把员工聘用、职务升降、培训发展、劳动薪酬相结合，使得企业的激励机制得到充分运用，有利于企业的健康发展。

高弹性薪酬最有吸引力

金钱作为薪酬的主要物化形式，在有效激励员工的工作热情和工作效率方面发挥着重要的作用。但是，以怎样的方式才能有效激励员工呢？一个有效的办法就是使公司的薪酬体系弹跳起来。

1. 弹性：薪酬激励的动力

薪酬在很大程度上影响着一个员工的工作情绪、工作积极性和能力的发挥。心理学家研究表明，当一名员工处于较低的岗位工资时，他会积极表现，努力工作。一方面提高自己的岗位绩效，另一方面争取更高的岗位级别。在这个过程中，他会体验到由于晋升和加薪所带来的价值实现感和被尊重的喜悦，从而更加努力工作。这是任何一个企业都应该尊重的客观事实。

不同公司对采取何种薪酬体系存在许多差异，但基本可分为两大类，即固定部分和动态部分，在实施岗位工资制的企业里，根据岗位等级确定的岗位工资，属于动态部分。二者共同构成了影响和激励员工的因素，当然还有其他因素，包括：津贴、保险、房贴、教育训练、其他福利，等等。

据专家分析，在企业薪酬中，固定成分的比重占到薪酬总额的60%时，薪酬体系具有一定的激励作用；如果固定成分降到薪酬总额的40%时，薪酬体系会产生强大的激励效果；不过，固定成分的比重再降低的话，可能会适得其反。

弹性薪酬的作用，可以通过表7–3的分类对比直观地看出来。

表7–3 弹性薪酬模式

薪酬模式	弹性薪酬模式	稳定薪酬模式	折中薪酬模式
与绩效挂钩程度	强	弱	中
激励效应	强	弱	中
员工主动性	强	弱	中
员工压力	大	小	中
员工忠诚度	弱	强	中
员工流动率	大	小	中

2. 按贡献拉大差距

高弹性模式具有较强的激励功能，如员工工作热情不高或优秀人才流失，便可采用这种高弹性薪酬模式，加大绩效在薪酬结构中的比重，从而激励员工为企业做出更大贡献。

现在，越来越多的企业开始抛弃那种固定工资方式，开始实行风险工资、物质刺激和各种可行的长期激励方案。许多企业为留住优秀人才，并不是采取单一形式的薪酬方案，而是用一种包含了多种类型激励计划的总体薪酬方案来留住人才。

美国联邦捷运公司就是一个典型的例子，它的总体薪酬方案包括：

（1）绩效方案。所有人才都会依据其个人绩效而获得绩效加薪。

（2）预付工资。如果在某一特定时期内，人才达到其薪酬序列的顶峰，并且其个人绩效高于平均水平时，就可获得预付工资。

（3）明星或超级明星红利。每个业务部门的10%的人员可获得明星提名，1%的人员可以获得超级明星提名，被提名者可以获得额外的红利。

（4）利润分享。根据公司总体盈利状况，提供股票、现金或二者搭配形式的利润分享方案。

（5）管理人才与技术人才专有方案。依据所在部门的目标完成程序或技术进度，为管理人才与技术人才提供一项专门的物质奖励。

（6）干得好凭单。使管理人员能够对那些绩效超过一般水平的人员马上付出报酬，如某一信件正常需要3个小时送达，而甲只用了1个小时，其主管就可以依据干得好凭单马上奖励给甲30美元。

（7）金鹰奖。这个类似于我国娱乐界最高奖的奖项，专门授予那些能在顾客服务方面做出显著绩效的老员工，公司将发给他们一个有金鹰图案的翻领徽章和一定份额的普通股。

上述总体薪酬方案中，除了绩效工资相对比较固定外，大多采用可变薪酬的方式。

3. 将薪酬结构变成“跳高运动”

薪酬结构设计的最终目的，是让员工所获薪酬额与其贡献量成正比变化，而且这种变化是时刻动态进行，而非变化周期很长。弹性薪酬结构的价值表现在两方面：一方面，通过岗位绩效考核，使岗位之间的晋升或降级有了量化的考核数据，增加了公平性，能够使员工的力量集中到努力工作，提高工作绩效上来，这是一个本质的转变。另一方面，同级岗位采取无级系数考核法，使动态绩效工资时刻随工作绩效的好坏而变化。这样，同级岗位的薪酬总额容易拉开距离甚至超过上级，避免干好干坏一个样的消极局面。

建立弹性薪酬结构，可以从以下步骤开始：

（1）在员工内部组织薪酬满意度调查，并进行外部薪酬水平调查，了解本行业中的薪酬水平。

（2）进行详细的岗位分析和评估，并制定岗位说明书，为绩效评估奠定基础。

（3）建立科学的绩效评估系统。根据不同职级、不同职能部门实施月评估和年度评估相结合的方法，并根据月评估的结果，在当月工资中动态体现，使员工通过动态薪酬自我评价本月工作表现和绩效，并不断调整，使其心态和行为向有利于公司的积极方向变化。根据年度绩效考核结果，企业决定是否通过晋级满足激励和组织发展的需要。

企业通过建立激励性薪酬体系，加大内部分配浮动比例，充分体现了“按劳分配”的原则，同时丰富了物质奖励的手段，增强了激励效应，从而激发了每个员工的内在潜力。

薪酬管理要“以人为本”

现今，企业能否在激烈的竞争中站稳脚跟，关键在于是否能够留住人才，而能否留住人才的关键，又取决于企业建立一种什么样的薪酬制度。

以人为本的薪酬管理，是指把以人为本的思想贯穿到企业的薪酬管理当中，从而真正发挥激励人才的作用。海尔集团的张瑞敏曾经说过：“要让员工心里有公司，公司就必须时时惦记着员工；要让员工爱公司，公司首先要爱员工。”这是海尔公司人性化原则的体现。

1. 京东的“以人为本”

那么，企业怎么惦记员工呢？怎么爱员工呢？最简单直接的做法，就是从根本上做到“以人为本”。我们看京东是怎么做的。

2016 年底，京东集团对外披露了京东员工的福利保障数据。数据显示，2016 年，京东集团总共为包括基层快递员在内的员工缴纳的五险一金超过了 27 亿元人民币。除了五险一金之外，京东还为所有配送员额外购买了商业保险，保证员工在遇到意外伤害时能够得到及时救助。同时，京东于 2016 年还投入 3000 万元设立了专项救助基金，以及时帮助遇到重大困难或疾病的员工及家庭渡过难关。

同时，京东的配送员还享有通信、防寒防暑、特殊环境、交通工具等30多种福利待遇及补贴，每年公司投入数千万元安排员工进行体检，京东女性员工享受比国家规定多一个月的产假，男性员工享受比国家规定多7天的陪护假。由于京东70%以上的员工来自农村，与子女家人少有团聚，京东从2014年开始推出了“我在京东过大年”的特殊福利政策，用于支持春节期间坚守岗位的一线员工将子女接到身边过年。4年来，京东为此已经投入了2亿多元，共帮助超过2万个员工家庭春节团聚。

京东一直高度关注一线员工的福利，努力为基层员工创造有尊严的生活和工作环境。当外界质疑京东利润微薄的时候，刘强东曾表示：“如果一家公司是靠克扣员工的五险一金挣钱，牺牲他们60岁以后保命的钱，那是耻辱的，赚了多少都会让我良心不安。”在2017年的京东年会上，刘强东再次重申了这一观点，他指出“如果按照各地最低工资标准缴纳五险一金，每个月公司每人只要补贴一两百块钱就可以了。但能够为这么多的蓝领兄弟们足额缴纳五险一金，付出比别的企业多五倍六倍的代价，不是每家企业都能做到的。通过这件小事，京东向全社会证明了用合法的手段做生意，走正道照样可以取得成功！”

正是由于对基层员工全方位、人性化的关爱，京东物流一直在全行业里保持了服务和口碑上绝对的优势，并再一次彰显了京东“以人为本”的企业文化在促进企业发展和社会贡献上的强大动能。

刘强东说过一句话，“对员工好，准没错。”企业的失败不是因为对员工好，而是因为没有管理，“对员工好”跟“有管理系统”，二者是不矛盾的。

企业永远不可能只凭高层的战略和决策就取得成功，最后还得靠基层员工去落地执行。只有充分尊重基层员工，在合理的范围内，给予员工想要的，不剥夺员工应得的，才能充分发挥基层员工的作用和价值。

从京东的例子我们可以得到一些启发，企业做薪酬设计时，要体现人性化的管理原则，既要以制度管人，更要以情暖人。员工身心愉悦地投入工作，效果往往是事半功倍。

2. 如何建立“以人为本”的薪酬管理制度

那么，企业该如何建立“以人为本”的薪酬管理制度呢？

首先，要真正了解员工的需求。员工的需求是有差异的，不同的员工，或者同一员工在不同时期的需求都有可能不同。例如，对于低工资人群，奖金的作用十分重要，而对于收入水平较高的人群，晋升、职称等显得更为重要。

其次，对薪酬概念要有新的认识。现今，薪酬已不是传统意义上的“基本工资＋奖金＋福利”，而是所有对员工能起到激励作用的因素的一种整合。这种广义的薪酬管理思想，一方面有利于充分挖掘企业的资源，使企业有更多的方式来激励员工。另一方面，这种认识也有利于内部激励和外部激励相结合，从而让激励发挥更大作用。

最后，制度创新是关键。以人为本的薪酬制度的建立没有硬性标准，关键在于要结合企业的实际情况进行创新。

总之，企业的竞争力主要体现在人才上，而人才的高效则来源于好的制度，以人为本的薪酬体系会使企业更好地吸引人才，留住人才，从而在激烈的市场竞争中站稳脚跟。

|第八章|

F I N A N C E

理性融资 谨慎选择“绿色通道”

8

资金是制约企业发展的根本问题。很多企业在发展中遇到的最大障碍就是融资难。据调查，大约 80% 的企业，特别是民营中小企业的领导者认为，融资难是制约企业发展的主要因素。而对于那些处在创业阶段的企业来说，甚至 90% 都感到有资金压力。

由此看来，企业领导者掌握融资策略与实务是十分必要的。

你的企业真的缺钱吗

所谓资金短缺，是指企业所拥有的资金量少于维持企业正常运营所需要的资金量。

资金是企业进行生产经营活动的必要条件，若资金短缺，又不能及时筹措，企业就不能购进生产资料，会停产、停工，对外投资经营的战略目标也就无法实现，并且偿债能力下降，产生债务危机，会影响企业信誉，使企业陷入困境。

老马2006年的时候开始创业，专门给某国有大型电子企业提供配件。由于老马是从该企业出来的，所以在该企业里有很好的人脉关系。利用这层关系，老马的企业很快走上了发展正轨。

2008年，在国家4万亿元投资刺激下，该国企也加大了投资力度，生产能力一下提高很多，老马的企业也从中获利颇丰，企业越做越大。因为与该国企的关系，一般都是该国企先支付80%的订单金额，老马拿到合同定金后才开始生产，所以没有任何资金压力，企业现金流一直很好。

企业经营好，现金流也好，而且下游是大型国有企业，这是贷款机构最青睐的贷款对象。从2009年到2014年，很多贷款机构都曾多次找老马谈贷款的合作意向。由于没有资金压力，老马都一一拒绝了，而且老马也从来不办任何信用卡。

好景不长。从2014年上半年开始，老马最大的客户，也就是那家国企自身经营出现了困难，改变了以前先支付80%定金的结算方式，改成支付20%的定金，交货之后再结算余下的80%货款。

由于有了一定的资金积累，刚开始的时候这一结算方式的转变对老马并没有明显的影响，他的自有资金还可以应付。但是到了2015年年初的时候，影响就开始显现出来了。此时，那家国企的经营出现了更大的困难，货物交付之后要几个月才能回款，这大大影响了老马的现金流。

由于该国企的订单少，老马重新开拓了其他客户，但是这些客户基本都是交货之后才结算。老马的资金很大一部分已经压在了那家国企，根本周转不过来，导致新开发的客户因老马不能按时交货而流失，老马企业的经营规模也缩小了一大半。

到了2015年下半年，那家国企的经营进一步恶化，老马的订单也一下子减少了很多，就剩几家小客户勉强有些小订单。而这时候，老马仍有一大笔资金压在那家国企。

钱不够怎么办？老马想到了贷款。他抵押了自己的房子，把房款投进去，之后又申请信用贷款。他同时向银行和两家贷款公司申请了总共30万元的信用贷款，结果却是银行直接拒绝贷款，另外两家贷款公司一家批了3万元，一家批了4万元，额度之所以这么低，银行方面说，一是经营困境，二是流水较少，三是信用空白。

这7万元和所需的资金相比简直是杯水车薪。最终的结果是，由于缺少资金，企业没能购进材料，也没能按时交付产品，最终一家愿意合作的企业也放弃了合作。

在苦苦支撑了两个月之后，由于没钱发员工工资，老马不得不宣布企业停产。

纵观企业的发展，很多企业像后期的老马一样，总是感觉缺钱。对此，你可能会说这是外部原因，比如银行不愿贷款。但事实上，企业自身也有问题。

企业领导者要想准确判断企业的财务状况有无风险，可从以下两个方面入手。

1. 看维持现有的经营规模有没有问题

（1）先看现金流量表中的现金及现金等价物余额。

（2）判断资金流入情况。包括应收账款、应收票据的回收（分析其业务回款流程，根据历年的各年末、季度末的报表判断未来一段时间应收账款、应收票据的回收情况），即将到手的融资（股权再融资、各项债券、银行贷款），等等。

资金流入企业后，通常在企业内部是以如图 8-1 这样的方式进行循环的。

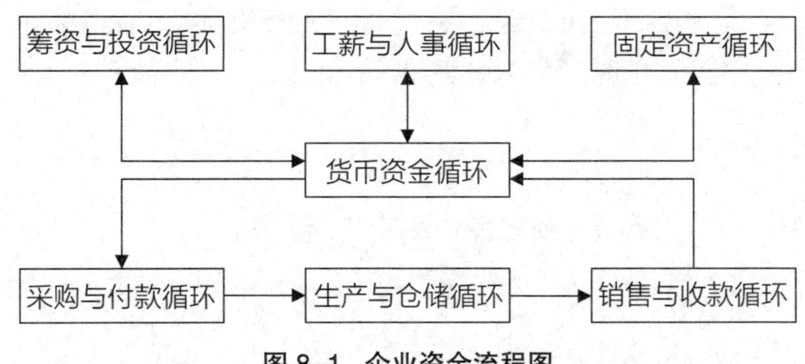

图 8-1 企业资金流程图

（3）根据期末时点的报表，分析其业务付款流程，根据历年的各年末、季度末的报表判断未来一段时期的经营性负债情况，判断经营性负债（应付票据、应付账款、预付账款和应付职工薪酬）的支付是否存在问题。

（4）若经营性负债支付不存在问题，根据目前账面上支付经营性负债后剩余资金情况，判断即将到期的债务（包括即将到期的短期借款、长期借款、各项债券、其他应付款中的资金拆借）能否偿还。

（5）若即将到期的债务凭借自身经营及已经明确的融资也能偿还，那么下一步就看扩大经营规模及加大资本投入是否够用。

2. 分析扩大经营规模及增加资本性支出是否需要融资

（1）根据公司经营的特点，判断公司营运资金投入的特点（有些是要先期垫资较多，按照会计公式计算的营运资金是个平均概念），判断当前营运资金需要的增加额。

（2）根据公司规模的增加情况对应所需的资本情况、公司宣告的投资计划判断公司的资本支出计划。

总之，要分析企业是否缺钱，仅仅看一份报表是不够的，必须对行业现状（尤其是短期的行业现状）、发展趋势，公司的现状、发展趋势，公司的运营模式，公司的历史财务状况等都有一个比较充分的了解，才能做出判断。

预测资金的需求量

资金需求量的预测是指企业根据生产经营的需求，对未来所需资金的估计和推测。

企业筹集资金，首先要对资金需求量进行预测，即对企业未来组织生产经营活动的资金需要量进行估计、分析和判断，它是企业制订融资计划的基础。

1. 资金需求量预测的步骤

（1）销售预测。销售预测是企业财务预测的起点。销售预测本身不是财务管理的职能，但它是财务预测的基础，销售预测完成后才能开始财务预测。因此，企业资金需要量的预测也应当以销售预测为基础。

（2）估计需要的资产。资产通常是销售量的函数，根据历史数据可以分析出该函数关系。根据预计销售量和资产销售函数，可以预测所需资产的总量。某些流动负债也是销售的函数，相应的也可以预测负债的自发增长率，这种增长可以减少企业外部融资的数额。

（3）估计收入、费用和留存收益。收入和费用与销售额之间也存在一定的函数关系，因此，可以根据销售额估计收入和费用，并确定净利润。净利润和股利支付率，共同决定了留存收益所能提供的资金数额。

（4）估计所需要的追加资金需要量，确定外部融资数额。根据预计资产总量，减去已有的资金来源、负债的自发增长和内部提供的留存收益，得出应追加的资金需要量，以此为基础进一步确定所需的外部融资数额。

2. 资金需求量的预测方法

（1）定性预测法。定性预测法是根据调查研究所掌握的情况和数据资料，凭借预测人员的知识和经验，对资金需要量所做的判断。

在进行定性预测时，虽然要汇总各方面人士的意见和综合地说明财务问题，但也需将定性的财务资料进行量化，这并不改变这种方法的性质。定性预测主要是根据经济理论和实际情况进行理性的、逻辑的分析和论证，以定量方法作为辅助；一般在缺乏完整、准确的历史资料时采用。

定性预测法一个常见的方法，是市场调查。市场调查是对各种与财务活动有关的市场主体、市场客体和市场要素的调查。

在我国，既有消费品和生产资料等商品市场，又有资本市场、劳动力市场、技术市场、信息市场及房地产市场等要素市场。市场调查以统计抽样原理为基础，包括简单随机抽样、分层抽样、分群抽样、规律性抽样和非随机抽样等技术，主要采用询问法、观测法和实验法等，以使定性预测准确、及时。

（2）定量预测法。定量预测法是指以资金需要量与有关因素的关系为依据，在掌握大量历史资料的基础上选用一定的数学方法加以计算，并将计算结果作为预测的一种方法。定量预测所包含的方法很多，下面主要介绍两种预测方法。

销售百分比法。销售百分比法是一种在分析年度资产负债表有关项目与销售额关系的基础上，根据市场调查和销售预测取得的资料，确定资产、负债和所有者权益的有关项目占销售额的百分比，然后依据计划期销售额及假定不变的百分比关系预测计划期资金需要量的一种方法。

资金习性法。所谓资金习性，是指资金占用量与产品产销量之间的依存关系。按照这种关系，可将占用资金区分为不变资金、变动资金和半变动资金。

不变资金是指固定资产占用的资金，变动资金是指随产销量变动而同比例变动的资金，半变动资金是指虽受产销量变动的影响，但不成同比例变动的资金，如一些辅助材料上占用的资金等，半变动资金可采用一定的方法划分为不变资金和变动资金两部分。

融资延续企业的生命和潜力

企业如果出现了资金问题，急切需要资金来维持运转，该怎么解决呢？很多人最先想到的肯定是借钱，也就是通过私人关系进行资金借调，但这并不是最合理的解决方式。

企业如果出现了资金问题，可以向银行贷款，但很多企业并不愿意选择银行贷款，因为银行贷款的资金有限制，还款方式比较单一，有强制性，而且银行贷款的手续复杂。

那么，对于企业来说，最适合、最常用的资金解决方式是什么呢？就是融资，即企业和融资公司合作，通过融资业务融到资金，将其投入到企业的运营中。融资公司推出的融资业务比较多样化，企业可以选择与自己匹配的融资业务，自由度比较高。

1999 年年初，马云决定回杭州创办一家能为中小企业服务的电子商务网站。当时，大家集资 50 万元，在马云位于杭州湖畔花园的 100 多平方米的家里，阿里巴巴诞生了。

这个创业团队里除了马云之外，还有他的妻子、他当老师时的同事、学生以及被他吸引来的精英。比如阿里巴巴首席财务官蔡崇信，当初他放弃了一家投资公司中国区副总裁的头衔和 75 万美元的年薪，来领马云几百元的薪水。

他们都记得，马云当时对他们所有人说：“我们要办的是一家电子商务公司，我们的目标有三个：第一，我们要建立一家生存 102 年的公司；第二，我们要建立一家为中国中小企业服务的电子商务公司；第三，我们要建成世界上最大的电子商务公司，要进入全球网站排名前十位。”狂言狂语在某种意义上来说，只是当时阿里巴巴的生存技巧而已。

阿里巴巴成立初期，公司是小到不能再小，18 个创业者往往是身兼数职。好在网站的建立让阿里巴巴开始逐渐被很多人知道。美国的《商业周刊》，还有英文版的《南华早报》最早主动报道了阿里巴巴，令这个名不见经传的小网站开始在海外有了一定的名气。

有了一定名气的阿里巴巴很快也面临了资金的瓶颈：公司账上没钱了。当时马云开始去见一些投资者，但他并不是有钱就要，而是精挑细选。即使囊中羞涩，他还是拒绝了38家投资商。马云后来表示，他希望阿里巴巴的第一笔风险投资除了带来钱以外，还能带来更多的非资金要素，例如进一步的风险投资和其他的海外资源。而被拒绝的这些投资者并不能给他带来这些。

就在这个时候，蔡崇信的一个在投行高盛的旧关系为阿里巴巴解了燃眉之急。以高盛为主的一批投资银行向阿里巴巴投资了500万美元。这一笔"天使基金"让马云喘了口气。

之后，让马云意想不到的是，更大的投资者也注意到了马云和阿里巴巴。1999年秋，日本软银总裁孙正义约见了马云。孙正义当时是亚洲首富。孙正义直截了当地问马云想要多少钱，而马云的回答却是他不需要钱。孙正义反问道："不缺钱，你来找我干什么？"马云的回答却是："又不是我要找你，是人家叫我来见你的。"

这个经典的回答并没有触怒孙正义。第一次见面之后，马云和蔡崇信很快就在东京又见到了孙正义。孙正义表示将给阿里巴巴投资3000万美元，占30%的股份。但是马云认为，钱还是太多了，经过6分钟的思考，马云最终确定了2000万美元的软银投资，阿里巴巴管理团队仍绝对控股。

从2000年4月起，纳斯达克指数开始暴跌，长达两年的熊市寒冬开始了，很多互联网公司陷入困境，甚至关门大吉。

但是阿里巴巴却安然无恙，很重要的一个原因是阿里巴巴获得了2500万美元的融资。

那个时候，全社会对互联网产生了一种不信任，阿里巴巴尽管不缺钱,业务开展却十分艰难。马云提出关门把产品做好，等到春天再出去。冬天很快就过去了，互联网的春天在2003年开始慢慢到来。

2004年2月17日，马云在北京宣布，阿里巴巴再获8200万美元的巨额战略投资。这笔投资是当时国内互联网金额最大的一笔私募投资。2005年8月，雅虎、软银再向阿里巴巴投资数亿美元。

之后，阿里巴巴创办淘宝网，创办支付宝，收购雅虎中国，创办阿里软件。一直到阿里巴巴上市。

可以说，阿里巴巴发展到今天，几次融资帮了大忙，它延续了阿里巴巴的企业生命，激发了企业潜力，促成了企业的发展。

阿里巴巴的案例进一步说明，资金是企业经济活动的第一推动力、持续推动力。企业能否获得稳定的资金来源，及时足额筹集到生产要素组合所需要的资金，这对企业的经营和发展是至关重要的。

企业融资的主要方式

企业的融资可以分为两类：债务性融资和权益性融资。前者包括银行贷款、发行债券和应付票据、应付账款等，后者主要指股票融资。债务性融资构成负债，企业要按期偿还约定的本息，债权人一般不参与企业的经营决策，对资金的运用也没有决策权。权益性融资构成企业的自有资金，投资者有权参与企业的经营决策，有权获得企业的红利，但无权撤退资金。

1. 融资的主要方式

（1）银行贷款。银行是企业最主要的融资渠道。按资金性质划分，银行贷款可分为流动资金贷款、固定资产贷款和专项贷款三类。专项贷款通常有特定的用途，其贷款利率一般比较优惠，贷款分为信用贷款、担保贷款和票据贴现。

（2）股票融资。股票具有永久性，无到期日，不需归还，没有还本付息的压力，因而筹资风险较小。股票市场可促进企业转换经营机制，真正成为自主经营、自负盈亏、自我发展、自我约束的法人实体和市场竞争主体。同时，股票市场为资产重组提供了广阔的舞台，可优化企业组织结构，提高企业的整合能力。企业融资的分类情况如图 8–2 所示。

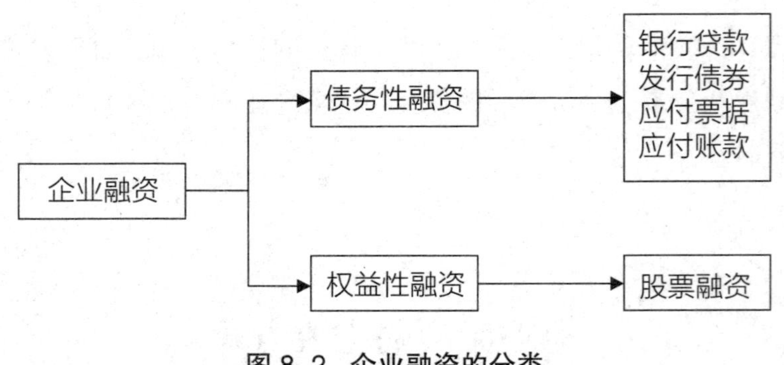

图 8–2　企业融资的分类

（3）债券融资。企业债券，也称公司债券，是企业依照法定程序发行、约定在一定期限内还本付息的有价证券，表示发债企业和投资人之间是一种债权债务关系。债券持有人不参与企业的经营管理，但有权按期收回约定的本息。在企业破产清算时，债权人优先于股东享有对企业剩余财产的索取权。企业债券与股票一样，同属有价证券，可以自由转让。

（4）融资租赁。融资租赁，是通过融资与融物的结合，兼具金融与贸易的双重职能，对提高企业的筹资融资效益，推动与促进企业的技术进步，有着十分明显的作用。融资租赁有直接购买租赁、售出后回租，以及杠杆租赁。

（5）海外融资。企业可供利用的海外融资方式包括国际商业银行贷款、国际金融机构贷款和企业在海外各主要资本市场上的债券、股票融资业务。

（6）互联网融资。随着网络的发展，社会的进步，人们的沟通方式、工作方式、生活消费习惯等都发生了翻天覆地的变化，投资理财、筹资融资也有了很大的不同。

互联网分析师许单单这两年风光无限，从分析师转型成为知名创投平台3W咖啡的创始人。3W咖啡采用的就是众筹模式，向社会公众进行资金募集，每个人10股，每股6000元，相当于一个人6万元。那时正是玩微博最火热的时候，很快，3W咖啡就汇集了一批知名投资人、创业者、企业高级管理人员，其中包括沈南鹏、徐小平、曾李青等数百位知名人士，股东阵容堪称华丽。3W咖啡引爆了中国众筹式创业咖啡在2012年的流行。

几乎每个城市都出现了众筹式的3W咖啡。3W很快以创业咖啡为契机，将品牌衍生到了创业孵化器等领域。

3W的游戏规则很简单，不是所有人都可以成为3W的股东，也就是说，并不是你有6万元就可以参与投资的，股东必须符合一定的条件。3W强调的是互联网创业和投资圈的顶级圈子。没有人会为了6万元未来可以带来多少分红而来投资的，3W给股东的价值回报在于圈子和人脉价值。试想如果投资人在3W中找到了一个好项目，那么多少个6万就赚回来了。同样，创业者花6万就可以认识大批同样优秀的创业者和投资人，既有人脉价值，也有学习价值。很多顶级企业家和投资人的智慧不是区区6万可以买到的。

2. 融资方式选择要注意的问题

企业在进行融资方式选择时，必须要注意两方面的问题。

（1）外部问题。企业进行融资方式选择时，必须遵循税收法规，同时考虑税率变动对融资的影响。

金融政策的变化必然会影响企业融资、投资、资金营运和利润分配活动。此时，融资方式的风险、成本等也会发生变化。经济环境是指企业进行理财活动的宏观经济状况，在经济增长较快时期，企业需要通过负债或增发股票的方式筹集大量资金，以分享经济发展的成果。而当政府的经济政策随着经济发展状况的变化做出调整时，企业的融资方式也应随着政策的变化而有所调整。

（2）内部问题。主要有企业发展前景、盈利能力、经营和财务状况、行业竞争力、资本结构、控制权、企业规模、信誉等问题。在市场机制的作用下，这些内部问题是在不断变化的，企业的融资方式也应该随着这些内部问题的变化而做出灵活的调整，以适应企业在不同时期的融资需求变化。

风险投资为企业提供必需的“营养”

在英语中，风险投资的简称是VC，与维生素C的简称VC如出一辙，而从作用上来看，两者也有相同之处，都能提供必需的

“营养”。

风险投资，是由职业金融家投入到新兴的、迅速发展的、具有巨大竞争潜力的企业中的一种权益资本。在风险投资比较发达的美国，风险资本对中小企业的扶植率超过90%，大大推动了美国高新技术产业的发展。而在我国近20年的迅速发展中，风险投资也被认为是中小企业增长的“发动机”。

> 重庆江北通用机械厂从1995年开始研制生产大型氟利昂机组新产品，该产品具有兼容功能，还可以用其他冷冻液进行替代。但是，银行对新产品一般不给予贷款，于是，某风险投资公司为该产品提供了100万元的贷款。两年后，江北通用机械厂的新产品销售额达7000万元。

企业要成功获取风险资本，首先要了解风险投资公司的基本运作程序。一个典型的风险投资公司会收到许多项目建议书。

> 美国“新企业协进公司”每年会接到两三千份项目建议书，公司经过初审筛选出两三百家后，再经过严格审查，最终会挑出二三十个项目进行投资，可谓百里挑一。这些项目中，最终每10个中平均有5个会以失败告终，3个不赔不赚，2个能够成功。成功的项目为风险资本家赚取年均不低于35%的回报（按复利计算）。换句话说，这家风险投资公司接到的每一项目，平均只有1%的可能性能得到认可，而最终成功的机会只有0.2%。

风险投资家寻找能使他们获得高额回报（35%以上的年收益率）的公司或机会。有时，要在尽可能短的时间内实现这一目标，通常也需要3～7年。成功的风险投资家有许多宝贵的经验，包括如何选择投资对象，如何落实投资，等等。风险投资家会对所投资的公司进行监督，带领公司成长，带领公司一起渡过难关。

鉴于风险投资对中小企业发展的促进作用，越来越多的企业渴望得到风险投资机构的青睐。然而在我国，风险投资机构毕竟数量有限，且多集中于北京、上海、广州等经济发达地区，对于大部分中小企业特别是二三线城市的中小企业而言，如果没有充分的准备，即使具备良好的成长性，也未必能够顺利引入风险投资。

企业老板如果要想引入风险投资，需要注意以下几个方面的问题。

1. 检验商业模式

要检验你的商业模式。过去的成功代表你选对了商业时机，赚到了钱，但这并不能代表你未来还有一个更好的发展，很可能现在的模式会成为你未来失败的原因。风险投资会与你一起探讨、总结在过去的发展过程中你的企业积累下来的、可复制的、可持续的模式。

2. 制定发展战略和规划

根据你存在的短板，以及在行业发展趋势中，未来的压力会给你怎样的定位，制定一个未来的发展战略或者规划。如果你有多元的业务，有的业务长远来讲没有什么发展前途，但是从现实的角度来看，却对企业有支持，那么就需要你制定管理资源的规划。

3. 理清公司的结构

企业在不同发展阶段面临的问题，以及一家私营企业最后如何成为一家上市公司，而且是一个健康的上市公司，这其中有很多值得研究和探讨的地方。很多企业领导者会发现，跟风投的人接触得太晚了，因为过去不懂，没有尽早把公司结构理清，等到快要上市了再做这个事情，这时候的代价就非常昂贵。

4. 企业的增值服务

投资者是你的一面镜子，你的企业处于快速发展过程中，可能没有时间也很难获得一个全面的角度来审视你的业务，包括你的团队。但是风投除了钱，还能带给你更多的价值。

5. 是否值得投资

风投要看的是企业三五年内的价值，是不是值得投资？而不是仅看眼前。然而，这些角度企业家往往很难看得这么深入。

6. 释放企业价值

风投一旦进入你的企业之后，最快退出也需要三年，慢的需要五六年，在这段时间内，风投会跟你共同把企业做得很健康，把价值释放出来，这样才能一起获得更好的收益。

7. 保持竞争力

如果你想赚长远的利润，在同行中争取更高的利润水平，更持续地高水平成长，那你一定有“秘密武器”，这个武器往往会体现在技术上。但是很多公司只是一些技术应用的开发，这很容易遭遇模仿和抄袭。

即便这样，如果企业能结合产品和渠道模式，将两者巧妙组合在一起，往往就保住了机遇，再通过三五年的发展来强化自己的竞争力，那么你的对手也很难将你打败。

最后，我们再了解一下整个融资的运作流程，如图 8–3 所示。

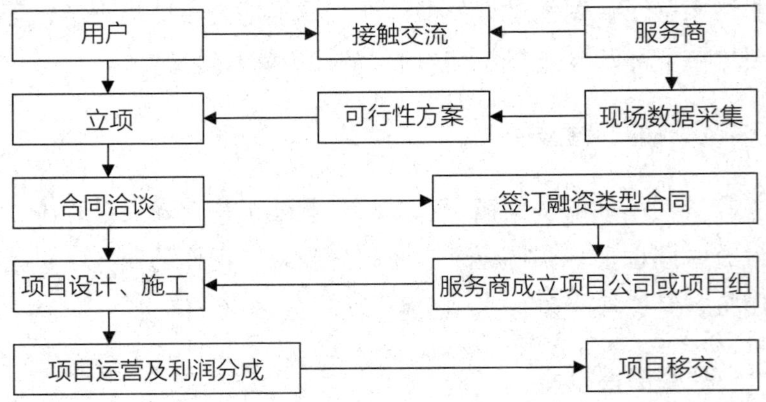

图 8–3　融资运作流程

总之，与传统银行的借贷关注企业的安全性不同，风险投资旨在扶植处于起步阶段，但具有良好成长性的中小企业，通过管理风险、驾驭风险，追逐高风险后隐藏的高收益。只要企业自身过硬，风险投资无疑是一个不错的选择。

|第九章|

F 9 I N A N C E

投资管理 机遇和风险都得看见

企业投资，是指企业投入财力，以期望在未来获取收益的一种行为。投资，既要抓机会，又要防风险。投资与投机不同，投资是通过财富的创造而获利，它可能包含着产品开发、服务提供或是技术创新。而投机事实上是通过财富的转移或瓜分财富获利，即它只涉及财富的再分配，而不涉及再创造。

企业应该稳扎稳打，做好投资管理，而不是投机取巧，不务实。

会经营，也要会投资

企业投资是指企业以自有的资产投入，承担相应的风险，以期合法地取得更多的资产或权益的一种经济活动。企业领导者不仅要会经营管理企业，也要懂得投资。

1. 企业投资的目的

（1）为企业正常的生产经营奠定基础，如购建固定资产、无形资产和其他长期资产等。

（2）为企业对外扩张和其他发展性目的进行权益性投资和债权性投资。

（3）利用企业暂时不用的闲置货币资金进行短期投资，以求获得较高的投资收益。

在这三个目的中，前两个一般都应与企业的长期规划和短期计划相一致。第三个在很多情况下是企业的一种短期理财安排。

2. 企业投资的方式

（1）直接投资与间接投资。按投资与企业生产经营的关系，投资可分为直接投资和间接投资两类。直接投资是指把资金投放于生产经营性资产，以便获取利润的投资。间接投资又称证券投资，是指把资金投放于证券等金融资产，以便取得股利或利息收入的投资。

（2）长期投资与短期投资。按投资回收时间的长短，投资可分为短期投资和长期投资两类。短期投资又称流动资产投资，是指能够并且也准备在一年以内收回的投资。长期投资则是指一年以上才能收回的投资。

（3）对内投资和对外投资。根据投资的方向，投资可分为对内投资和对外投资两类。对内投资又称内部投资，是指把资金投在企业内部，购置各种生产经营用资产的投资。对外投资是指企业以现金、实物、无形资产等方式或者以购买股票、债券等有价证券的方式向其他单位的投资。

投资流程如图 9–1 所示。

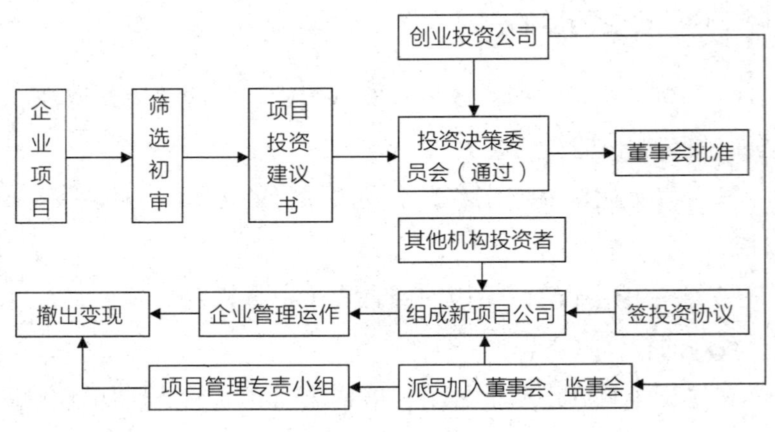

图 9–1 投资流程

3. 企业投资的禁忌

（1）输不起的投资项目不能投。企业投资，主要是为了获利，但不是所有的投资项目都能如人所愿，投资有可能按预期获利，但也不排除投资失利而血本无归。企业投资一定得量力而行，眼光不能仅盯着被投资项目可能给企业带来的投资回报上，还应当充分估计到一旦投资项目失利，企业是否承担得起这一失败。企业的首要目的是生存，只有先保证生存下去，才有可能盈利。如果投资项目的失败将影响企业的生存根基，企业无法承受，那么这种投资风险就太大了。企业对于输不起的投资项目坚决不能投。

（2）国家禁止的项目不能投。企业不可能生存在真空。市场经济是法治经济，遵纪守法是每个企业的立世之本。企业的经济活动不能脱离国家法律、法规的管辖，也不能违背国家的法律、法规。企业在项目投资前，应该了解国家的法律、法规，应该遵守国家的法律、法规。国家会定期发布明令禁止的投资项目，对国家明令禁止的投资项目，无论效益如何，企业与当地政府的关系如何，企业家能力如何、地位如何，企业都不宜投入。

（3）人人都认为是高科技的项目不能投。每一家企业都希望通过科技创新手段来提高自己的盈利能力，通过高技术门槛来占领竞争优势地位。科技含量高，能给企业带来较高的收益，这是大家的共识。企业发展要想取得比同行更高的收益，往往也离不开高新技术，因此，投资高科技也是目前企业投资追逐的重要目标之一。

对现有技术的改进与革新，是每个企业应当做也必须做的工作，但一味地追求高科技，往往会使企业陷入高科技陷阱。高科技与之相伴的往往是高投资、高风险。因此，对于一般企业而言，投入高科技也许会带来更多陷阱。

高科技应当是长期积累的结果，难以在短期内以高投入达到高科技，真正的高新技术也难以用金钱购买，特别是对于那些人人都认为是高科技的项目，要么是现在市场不成熟的项目，要么是技术不成熟的项目，要么是投资周期特别长的项目，这些项目往往投资风险大，同时也是存在高科技陷阱最多的项目，非一般企业能承受得起。

企业遇到这样的项目，要多加考虑，谨慎投资，除非你攻克了技术、成本双难关，对项目有绝对的把握，否则人人都认为是高科技的项目，企业坚决不要投。

投资需注意的问题

投资是为了获利，但不是所有的投资项目都能尽如人意，投资有可能获利，但也不排除投资失利而血本无归。

因此，企业投资一定要量力而行，眼光不能仅盯着被投资项目可能给企业带来的投资回报上，而是要做好投资前的各种功课，尤其要注意以下几个问题。

1. 选择好项目实施团队

无论你的资金实力有多雄厚，市场、原料的供给条件有多优越、所置设备有多先进，对项目起决定作用的最终还是人，是项目实施团队。核心竞争力存在于企业的人身上，深深根植于人的技巧、知识、个人能力和合作精神之中。因此，选择好项目实施团队远比选择项目本身重要得多。

2. 要进行项目前期分析

对投资项目的前期分析，是战略决策从书面走向实践的关键一步。企业应从法律、市场前景、财务和整合资源能力等多个角度，对实施项目的可行性进行分析。

投资的前期分析是企业可行性分析的假设前提，是可研报告的基础，但很多投资项目不注意这项基础性工作，或对这项工作只做简要的分析，甚至根本不做分析，今天觉得要做，明天就开始干起来了，典型的“拍脑袋”项目，这对项目投资是极不负责任的做法，这样做的结果成功是偶然，失败是必然。

3. 项目申请流程须知

对项目申请流程的充分了解，是十分必要的。它能使项目前期准备工作更有针对性，更有效率，无论大小事都能做到有的放矢。

投资项目的核准流程如图 9–2 所示。

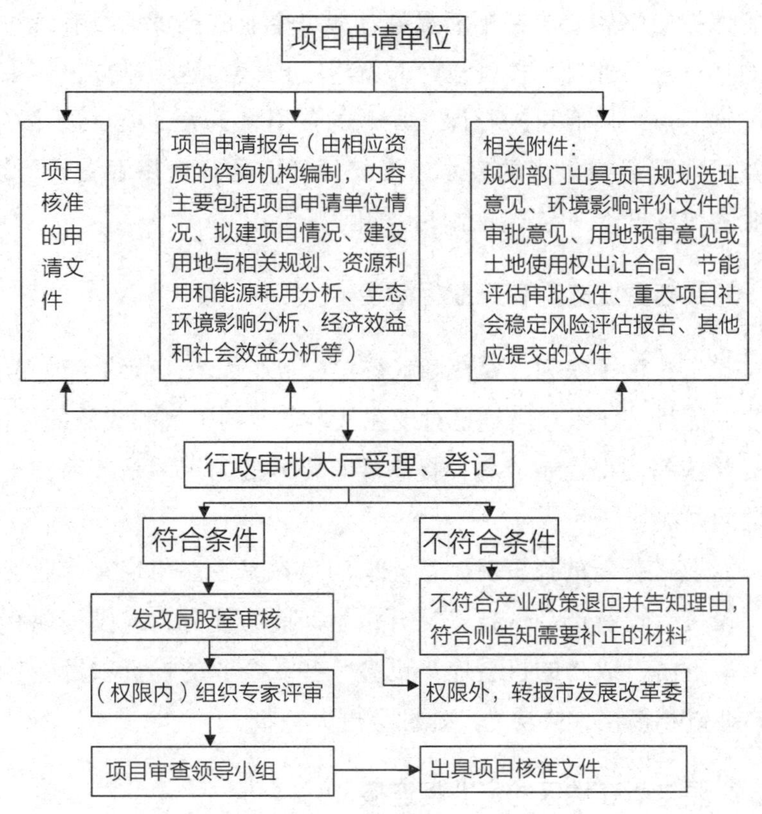

图 9–2 投资项目核准流程

4. 要注重投资项目的安全

只有生产、产品安全了，企业才有可能生存与发展。

生产过程中的安全是项目投资中要真正考虑的第一要素，包括员工操作安全、生产环境安全、劳动保护的安全、产品使用的安全，等等。总之，项目投资一定要注意各方面的安全。

5. 关注投资项目的环保问题

随着我国经济总体水平的提高，以及人们环保意识的加强，环境保护的整体要求在不断提高。如果企业的投资项目有带污染性的“三废”外排，投资设计时就应考虑做到达标排放；如果不关注这一点，以后再来补课，发生的费用将更大，项目预计好的效益可能就会被未来的废水、废气等环保处理费用吞食。所以，企业的项目投资一定要注意环保的问题。

6. 要与企业的现有产业相衔接

投资是为了获利，要获利就得发挥企业优势，节约各种支出。企业的优势是什么？当然是对现在从事产业的了解和成熟的运作，投资要获利还得控制成本，提高现有资源的利用率是节约支出最有效的办法。

企业进行新的投资时，首先应当考虑是否能与现有产业链衔接，投资对现有产品的技术提升，生产能力提升，或投资现有产品上、下游，成功的机会应当更多一些。企业的投资项目能与现有产业链相衔接，成功的可能性会更大一些。

7. 要与所在地区的产业相连接

随着我国经济的发展和改革开放的深入，国内已经形成了许多专业生产区域。原材料集散市场、产品的集中展示集散市场，对行业布局非常重要。在这些区域里，所有的生产资源、技术资源、市场资源、劳动力资源等，都相对集中并配套，形成了一些“一小时经济圈”“半小时经济圈”。在这些经济圈内，许多费用都是国内最低，甚至是世界最低的，所以，如果企业的投资能与地区优势相结合，成功的可能性也将大大提高。

8. 要与现有的营销体系相连接

产品的销售是任何项目都要重点考虑的问题，投资项目的成败与否，最终取决于项目产品能否按预期实现销售，并获取收益。销售是项目投资的关键一环。

由于产品性质的不同，营销体系的不尽相同，建立一个与产品特征相符合的营销体系，往往需要较长的时间和花费较多的人力、物力和财力，其花费往往是难以估计的。

所以，在进行项目投资时，应考虑项目产品的营销特点是否与现有产品的营销特点相一致或相仿，应注意与现有营销体系相连接。

9. 要对项目投资总额进行控制

项目投资总额的多少，决定了项目技术含量的高低、投产后产品的总成本水平的高低。项目在投资过程中可能会改变施工方案；在施工过程中，可能会发现未知事项、遇到其他变化事项，这样容易造成超预算投资。所以，企业如果对投资总额不加以严格控制，就可能突破原有预算，投资效益、投资回报率就会出现偏差；如果企业的资金不足，甚至会产生烂尾工程。

总之，企业投资必须根据自身财力，要注意对项目投资总额的控制，千万不能投那些资金没有着落的项目。

项目投资估算可以参照表 9–1 来编制。

表 9-1　某建筑公司项目总投资估算表

项目	东塔成本	东塔单价	西塔成本	西塔单价	合计
1. 开发成本					
1.1 土地购置费					
1.2 前期工程费					
1.3 工程建设费					
1.4 开发期间税费					
2. 开发费用					
2.1 管理费					
2.2 其他费用					
2.3 不可预见费					
2.4 财务费用					
2.5 销售费用					
3. 总计					

无论投资什么项目，无论项目大小，企业管理水平的高低都是决定企业获利能力的关键。由于企业的类型不同，管理的方式方法也存在较大差异，工业与商业、技术密集型、资本密集型、劳动密集型企业、不同地区间的企业管理，差异都非常大。因此，企业在选择投资项目时，应了解项目的行业特征和管理特点，注意与企业现有的产业链相衔接。

如何做好证券投资

随着企业在投资决策中主体地位的确立，投资的形式也日益丰富。它可以直接投资于生产事业上，通过建造厂房、添置设备、购买原材料等来直接增加社会财富或提供社会所必需的劳务，也可以把资金用于购买金融资产，以期获得收益等。前者一般称之为直接投资（或实业性投资），后者一般称之为间接投资（或金融性投资）。

由于间接投资购买的金融资产主要是有价证券，故证券投资是间接投资的主要形式。

1. 企业证券投资的作用

（1）资金保值和增值。企业用于证券投资的资金，一般而言是企业在经营活动中出现的一些暂时闲置的资金，在未来的一定时期具有特定用途，如用于清偿长期债务、更新厂房或设备、支付职工养老金、生产淡季时的闲置资金等。把这些资金用于实业性投资显然很困难，若以现金存放，不仅不能带来收益，甚至会因通货膨胀而贬值。

为此，企业可以把这些暂时性的闲置资金投资于那些变现能力强、风险性小的有价证券，作为短期的投资，一求保值，二求增值。

（2）控制和扩展的需要。企业投资于某种证券，有时是为了控制与自身经营有关的企业，以巩固贸易关系或建立贸易优势，有时也是为了将来企业扩展经营规模做准备。

（3）扩大企业的收益来源。这是指企业一定时期内进行证券投资所得与其支出的差额。它由两部分组成，一是证券投资的利息或股息收入；二是证券买卖差价收入。

（4）优化企业的投资组合。企业为了改善产业结构，降低企业的整体风险，往往既从事项目投资，又发展证券投资，并努力寻求二者的最佳组合。

2. 企业证券投资的原则

（1）收益性原则。收益性原则是证券投资的最基本要求。一笔证券投资的收益等于利息、股息等当前收入与资本增值之和。债券的利息率一般是预先确定的，可按利息率高低确定收益的多少。

（2）安全性原则。安全性原则就是要保证证券投资本金不受损失。证券投资安全性原则要求企业进行证券组合，将资金分散于慎重选择的若干种证券上，以此分散投资风险，提高证券投资的安全性。

（3）流动性原则。流动性强的证券，意味着能够以较快的速度将证券兑换成货币，而以货币计算的价值不受任何损失；流动性弱的证券转化为货币需要的时间较长，支付的费用较多，有时甚至还要遭受价格下跌的损失。

3. 企业证券投资的方法

企业从事长期证券投资，可将投资分为攻势和守势两部分，并设置一定的基准。证券价格上涨，则减少攻势部分，增加守势部分；证券价格下跌，则减少守势部分，增加攻势部分。这样，无论证券市场行情如何变化，都不必经过详尽而复杂的投资分析，一律自动进行买卖。

这种定式投资法的具体方法有：

金额平均法。指每隔一定时间投资一定金额于某一类证券的投资方法。其特点是，一旦确定某种类别的证券为投资对象，便应坚持连续投资，每次购买的股数可以不同，但金额要相同。

> 企业确认某种证券看好，初次入市时，若该证券市场价格为每股200元，可购入500股；若下一次投资期时，该股票价格涨至每股400元，则购进250股；如再下一次投资期时，该股票跌价至每股100元，则购入1000股。这样，股票的平均购买价为171.42元的低价，一旦股市上扬，则可能获利甚丰。

定率法。指将投资对象区分为股票与企业债券，并随股市行情的变动而变动股票与企业债券的投资比率。

> 投资普通股50%，企业债券和优先股为50%，若股票涨价或跌价，该比率变为60∶40或40∶60，则应设法使之仍保持50∶50。为此，前者要出售普通股而买进企业债券；后者要出售企业债券或将优先股转换为普通股，增购普通股。这样，自然形成高价卖出、低价买进的格局。

定额法。即以一定金额投资于证券，当证券价格上涨，立即获利了结；之后在证券价格下跌时则以获利额增购。

> 企业投资股票总额为300万元，若一段时期后，股票市价增至320万元，则出售相当于20万元的股票，保有现金。当股价下跌，该项股票市价为280万元，则购进相当于20万元的股票，保持股票价值始终为300万元。这样，高价时了结，低价时增购，总体上降低买价，增加获利机会。

变率法。该方法强调随股价的波动来决定守势与攻势的比率，弥补了定率法的缺陷。其基本道理与定率法相同。

尺度法。指持续对某一种类证券进行投资，投资额不固定，买卖时期不一致，分次买进再分次卖出。

持有股票的价格为100元，现跌至95元，增购100股，再跌至90元和85元，分别各增购100股。若股价从85元先后涨至90、95、100元，则分别卖出100股。买卖相抵共获收益1500元。

需要指出的是，运用这些方法，关键在于选择投资证券的种类，并且进行灵活运用。

最后，企业的证券投资还需要注意一个问题——分散投资。如果企业仅对一种证券进行投资，如仅购买某企业的股票，一旦该企业的经营发生变化，甚至倒闭，企业不仅得不到股息，还会蚀本，这种投资方式是不足取的。而对多种证券进行投资，即使其中的一种或数种证券得不到利益分派，如其他证券收益好，就可以得利补偿，不至于满盘皆输。

做投资，不要有投机心态

通常，投机是很多企业家都有的心态，投机心态也叫赌博心理，是凭着侥幸、运气，期望在尽可能短的时间内获取尽可能大的收益。

持投机心态的人，往往在其他方面也经常以这种心态来做事，大者拿出生命、前途、事业；小者拿出资产、金钱、物件当赌注，在其认为适当的时候，便毅然投入到此机会中来，全力一搏，希望能有超常获得。

在企业投资中，投机心态在企业家身上体现得并不明显，这是由于企业投资的特点决定了投机心态在经营活动中没有充分展开的余地，但也不是说企业投资过程中完全不存在投机心态。

持这种心态的企业经营者，大都缺乏长远规划，轻视社会责任，信奉策划、热衷公关，常常见利忘义、舍本逐末，什么赚钱干什么，捞一笔算一笔。常用“策略”是公关造势等。

温州人，被称为“中国的犹太人”。他们经过早期的财富积累后，从1998年开始陆续集中大量民营资本进入房地产行业。随着大量热资金的涌入，温州当地房地产业持续升温，房价从最开始的2000元每平方米，涨到7000元以上。

本地市场饱和后，他们开始走出温州。2001年，温州一个炒房团前往上海，他们100多人豪砸5000万元现金，三天内买下100多套房子，震惊整个上海乃至全国。

“温州炒房团”上海一战成名后，更是一发不可收拾，他们的足迹遍布北上广深一线城市及各省会城市，甚至走出国门炒到了美国、迪拜等地。每到一地，都给当地人带来一种强烈的“房价上涨”的恐慌感。

温州炒房团的炒作势头犹如蝗虫一般，无法阻挡。据媒体报道，曾经杭州楼市的两成份额属于温州人，福州楼市曾在短短一年内就被温州人拿下了1/3，更夸张的是，湖南的开发商甚至在温州炒房团的压力下被迫转行去开矿……

温州炒房团作为一个如此疯狂的房价推手，所到之处也是怨声载道，“房价都是被他们炒上去的！”

正所谓物极必反。2008年，温州炒房团开始走向分化。该年，美国爆发次贷危机并引发全球金融危机，国内房地产发展走向了十字路口。虽然当时中央有一个“四万亿”的经济刺激计划，对国内房地产市场有一定的积极作用，但受欧洲债务危机和全球经济低迷的进一步影响，国内经济仍然滞缓，房地产市场依然面临艰难选择。

在如此经济形势下，是继续疯狂下去还是就此刹车？温州炒房团出现分化：一方面，更多的资本持有者义无反顾地加入，甚至还将战场推进到香港进行批量购房；另一方面，部分炒房客感受到了经济下行的风险，果断退出了房地产市场。

后来的房地产市场行情究竟如何呢？相信大家都清楚。

2009 年，5 万浙商蜂拥迪拜，人均投资一套住宅。金融风暴过后，迪拜楼市缩水，浙商资产蒸发 20 亿元。

2011 年，国家宏观调控重拳出击，房地产市场迎来全国性“拐点”。面对史上最严限购令，温州炒房团没有选择，只能退出北上广等一线城市以及各省会城市。

2012 年，温州炒房团的各种负面新闻屡见报端，诸如“温州炒房团弃房跑路”“八成炒房团资不抵债”“温州炒房团的覆灭是市场的必然”，等等。

对于温州炒房团，曾有业内人士估计，他们手中掌握着 7000 亿 ~8000 亿元的巨额资金，主要就是用来炒作。短期来看，在资本市场上投机，的确可能获得较高的收益，尤其是房产；但从长远看，如果一个地区的人们都充斥着投机倒把心理，大量资金被用来房屋炒作，而不是支持实体经济，发展高新技术，那么，当地经济的发展必然缺乏后劲甚至止步不前，久而久之，整个地区的经济生态都会越来越糟糕。

投机心态，通俗来说，就是一种不想靠诚实劳动而靠投机取巧谋利的心理状态。持这种心态的企业经营者，大都缺乏长远规划，轻视社会责任，常常见利忘义、舍本逐末，什么赚钱干什么，捞一笔算一笔……可想而知，这样的企业是做不大的，是没有前途的。

急功近利是投资大忌

急功近利是很多企业的通病，特别是改革开放初期，我们知道很多行业一夜暴富，所以看似非常快速地发展，却为后来埋下了很多伏笔，以牺牲利益、浪费资源为代价，为什么很多企业夭折了，这是很大的一个原因。所以，做企业做投资切忌急功近利。

的确，在企业投资过程中，一定要处理好企业长期利益与短期利益的关系，要权衡好利益与风险的利弊，因为它不仅直接决定着企业的生死存亡，而且直接关乎企业家个人的荣誉感和成就感。所以，企业家在经营决策时，要用战略性的眼光来长远看问题、解决问题，而不是目光短浅、急功近利地只顾眼前利益。

20 世纪末，饮用水行业有一个叫作百龙的知名企业，本来其经营发展势头相当不错，被业界一致看好，但后来还是因为企业决策者目光短浅而走向了失败。

百龙公司成立之初，科学规划了企业的长远市场战略，并立志打造企业的良好形象。但在后来的实际经营中，百龙完全背道而驰。公司的短期经营行为非常明显，最鲜明的表现就是，公司所有的广告宣传都是为了迎合市场口味，投消费者所好，完全丧失了作为一个饮用水企业应该坚守的基本经营原则。

企业老板作为一个企业的带路人，他的眼光能看多远，他的企业就能走多远。如果他短视，那么企业的短命就再正常不过了。现今，很多企业家都缺乏现代经营管理的认识和战略眼光，企业的短命也就成为了一种司空见惯的现象。正如百龙总裁在《总裁的检讨》一书中写道："短视行为……我相信这是与我同时代的民营企业经营者的通病，只是程度略有不同而已。”

正由于缺乏远见，绝大多数企业家都很难把自己的企业做成“百年老店”，能把自己的产品做成世界名牌的企业家就更少了。

国外的一些企业和企业家很重视对企业发展长期战略选择的研究、科学制定和有效贯彻。企业长期行为所要求的：对产品的更新换代要充分地探讨和论证；对今后资源的供应及其价格要仔细地计算和估量；对预期市场及其容量要进行科学测算；对竞争对手和对手的对手要进行严格分析并采取相应的对策，等等。这是他们的企业能在较长时间内立于不败之地的根本原因。

企业的急功近利和短视行为，主要原因还是在于企业领导者和管理者自身，在于他们的“经验主义”。也就是把在创业初期企业成功的经验简单地照搬到企业的成熟期。

不容否认，在我国有很多企业家在创业初期取得了举世瞩目的成绩。像巨人、三株、爱多、小霸王、秦池等公司领导人，都能利用极其有限的原始资本、资源、场地，以聪敏的智慧和操作技巧，抓住机遇。

> “秦池”以每天向中央电视台送一辆桑塔纳的成本，取得了每天一部奥迪的利润；“科利华”仅用大约6000元人民币的先期投入，在销售一本书的同时，买壳上市，并使股价成倍增长；“南德”用中国工厂里积压的土特产品从俄罗斯换回4架图154飞机；“三株”靠一个据说是从梦中得到的配方，在三四年内名声大震，创下87亿元年营业收入。
>
> 遗憾的是，他们都没有笑到最后，“经验主义”使他们只是痛快一时，然后就像泡沫一样破灭和消失了！如“秦池”，在以6666万元的价格取得标王之后，明显不合理性地用3.21亿元再取标王，企业最终陷入了财务危机和信用危机。

俗话说“失败是成功之母”。现在看来，这话只讲对了一半，另一半应当说“成功也是失败之母”。我们好多企业家，在取得短暂的成功之后，就头脑发热，忘乎所以，似乎无所不能，于是，盲动和蛮干就开始了，接着而来的就是把一些曾经经过自己的双手创造出来的好端端企业，又白白地葬送了。

企业就像一艘发展中的巨轮，需要一个相对稳定的速度和航向。而企业家就是把握企业航向的舵手。航行在市场这个海洋上，企业航线的两旁，总有一些漂浮在水面上的财富，这就是市场机会。一个急功近利的舵手固然可以随意改变企业航向，拾取这些市场机会，并在短期内获得更多的财富，但企业也往往在不经意中迷失了方向，失去了长远航行的动力，最终在汹涌的大海（市场）中沉没。

急功近利的浮躁心态是我们文化的一个缩影，也是企业失败的重要原因。急功近利往往将导致企业家的短视行为，使企业迷失方向，这是企业投资的大忌。

10

第十章

FINANCE

税务管理 合法经营才会长久

企业经营的目的是实现利润最大化，而利润既是企业经营发展的基本保证，也是经营绩效的重要指标，这就决定了企业必然会想方设法减少成本，以获得较高利润。

企业领导者进行合理决策，利用国家法规积极进行税务筹划，既可保证企业完成利税义务增加自身“造血”能力，又能降低税收负担，提高税后利润，实现自身的持续健康发展。

必须了解的相关税务常识

税务风险是企业老板面临的最大风险，稍有不慎便会触犯法律底线。那么作为企业领导者，应该掌握哪些基本的税务管理常识呢？

1. 丢失发票如丢钱

现在企业去税务机关领购发票是免收工本费的，可丢失发票却是要罚款的，甚至丢失一张发票的罚款超过100元人民币，真可谓“票比钱贵”。

所以，老板要像爱惜人民币一样地爱惜发票，即使是已经作废的发票或是正常开具的剪贴发票存根联，也有5年的保存期，需要妥善保管，否则要被处以最高3万元的罚款。如果不慎将发票丢失，也应在第一时间报告税务部门并登报声明作废，以争取从轻处罚。

2. 注销企业不能“任性”

有些老板觉得买卖不好，做不下去了，觉得反正也没欠过税，对国家也没什么损失，于是不走正常的注销税务登记程序，直接关门走人，也不再申报了。殊不知，擅自走逃会被认定为“非正常户”，同时也会留下不良信用记录，以后再注册或投资公司都会受到很大影响。同时，在非正常解除的环节，税务机关会根据纳税人逾期未申报的时间长短处以万元以下罚款。

注销税务登记申请审批表一般采取表 10–1 的格式。

表 10–1 注销税务登记申请审批表

<table>
<tr><td>纳税人名称</td><td></td><td>纳税人识别号</td><td></td></tr>
<tr><td>注销原因</td><td colspan="3"></td></tr>
<tr><td rowspan="3">附送资料</td><td></td><td></td><td></td></tr>
<tr><td></td><td></td><td></td></tr>
<tr><td></td><td></td><td></td></tr>
<tr><td colspan="4">纳税人：
经办人：　法定代表人（负责人）：　纳税人（签章）：
年　月　日　年　月　日　年　月　日</td></tr>
</table>

3. 妥善处理与会计人员的关系

有些老板因与会计产生纠纷拖欠会计工资，而有些会计人员认为账簿是自己的劳动成果，老板不给工钱就不交出账簿，为此相持不下。双方的做法都有不妥，老板不应拖欠工资；而会计账簿属于公司财产，会计也不应以此作为筹码，双方应通过友好协商或者诉诸法律解决。如果税务稽查人员去企业查账，仅就企业不能提供会计账簿一项就要处以万元以下罚款，同时有可能核定其应纳税额。因此，老板应妥善处理与会计人员关系，保存好原始记账凭证。

4. 购买假发票违法

车站、步行街上被塞到手里的小广告，或者公司传真机自动应答进来的宣传单，经常夹杂着卖假发票的信息。一些怀有侥幸心理的老板为了逃税就买回使用。假发票粗制滥造，稍有常识就能识别。

有些制作假发票的不法分子为做到以假乱真，会把企业从税务机关领用的真发票拿去克隆，再卖给企业，企业就利用这些假发票逃税，但假的终究是假的，从油墨颜色、纸张等方面还是能被轻易识别，一旦被税务机关发现，就不仅仅是补税、处罚那么简单，达到一定持有数量或开票金额，要被移送公安机关追究刑事责任，因此莫存侥幸，伸手必被抓。

5. 发票抵扣有时限

对于许多刚刚成立的缴纳增值税的企业，或者是刚刚“营改增”的企业，会计人员对增值税的核算方法和申报抵扣规定都不熟悉。对于正式一般纳税人来说，可以抵扣当月已认证进项税额；而对于辅导期纳税人，由于要等待比对结果才能申报抵扣，会计人员应在《稽核结果通知书》上注明的时间内申报抵扣进项税额。

6. 有无生意都要报

有的老板认为公司有生意时要填报申报表，而没有生意或是不达起征点就无须申报了，其实不然。对于税务机关来说，纳税申报的作用不仅在于落实企业应缴纳的税款，还在于税务机关了解纳税人的经济活动情况，掌握和分析税源的变化情况。如企业不申报，依照征管法，税务机关可对企业处以 1 万元以下的罚款。

企业纳税申报表可参考表 10–2 的样式进行编制。

表 10–2　企业预缴纳税申报表

项目	本月累计	本年累计	上年累计数
一、主营业务收入			
减：主营业务成本			

（续表）

项目	本月累计	本年累计	上年累计数
主营业务税金及附加			
二、主营业务利润			
加：其他业务利润			
减：营业费用			
管理费用			
财务费用			
三、营业利润			
加：投资收益			
补贴收入			
营业外收入			
减：营业外支出			
四、利润总额			
减：所得税			
五、净利润			

7. 预收款项以是否发货为交税依据

是不是只要有预收收入就需要交税？答案是否定的。因为根据增值税细则的有关规定，采取预收货款方式销售货物，纳税义务的发生时间为货物发出的当天（提前开具发票除外），因此，如果稽查人员对预收收入未申报纳税有异议，企业会计应和稽查人员共同厘清预收款对应的交易是否发货，因为这直接影响到税款的计算。

8. 领用发票要看领购簿

有的老板偶尔也会客串财务去国税局领用发票，但对发票种类可能说不清楚。其实，除货物运输专用发票和机动车销售统一发票以外，国税发票大都是根据开票人的身份而不是根据业务来区分的。如果属于增值税一般纳税人，就使用增值税专用发票和增值税普通发票；如果属于小规模纳税人，就使用增值税普通发票（升级版纳税人）、通用机打发票、手写发票等。作为老板不需要知道那么详细，只要按照发票领购簿上已经核准的发票种类和数量领用即可。

9. 账簿调取有程序

相信很多老板遇到过这种情况，税务人员打电话过来，要求把企业的账簿资料送过去查阅。有的老板会有疑问，税务人员有权调取我的账簿吗？按照征管法的要求，税务机关确实有权调取企业账簿，但必须出具相关手续，否则属于越权。调取账簿也有时限要求，根据征管法规定，调取当年账簿应在 30 天内归还，调取以前年度账簿应在 3 个月内归还。

10. 企业规模虽然小也能申请“一般人”

是不是规模不大、从业人数不多，在税收上就只能是小规模纳税人？其实，规模小的企业并不等同于税收上的“小规模纳税人”。按照有关规定，即使销售额未达到规定标准，只要具备会计核算健全和有固定的经营场所两个条件，经过申请，也可以获得一般纳税人资格，也可以自行开具增值税专用发票。

企业要交哪些税

一个很普遍的现象是，很多企业老板会吐槽企业税负重，交不起税，生产经营压力大。

的确，近年来我国企业税率高企、税负增长快于收入，导致我国经济的微观活力不足，这已成为多方共识，联想集团董事长杨元庆曾说:“为什么联想电脑在美国比在中国便宜?因为中国有17%的增值税必须加到定价里面，但产品的毛利率只有15%。而中国香港地区没有增值税，因此‘水货’生意持续火热。”

有调查数据显示，我国企业的平均税负在40%以上，有的甚至高达60%。税种包括增值税、城市维护建设税、教育附加费、印花税、房产税、车船使用税、城镇土地使用税、企业所得税等多项，另外还有其他附加税、水利基金、职工教育基金，还要为职工缴纳“五险一金”、残疾人保障金等，合计起来要占到公司营业收入的30%~40%。同时，日常所需的水、电、气、油等价格也比发达国家要高。加上银行利率与欧美、日本等国家相比也不在同一条起跑线上，这些使中国企业的融资成本居高不下。

> 宁波一家机械加工厂在2015年的营业额为2000万元左右，其中所缴纳的税费清单如下：
>
> 增值税50万~60万元；地方税费也有50多万元，其中企业所得税30万元，营业税、土地使用税、房产税、教育附加费等加起来10多万元，另外，还要承担工人的个人所得税共计12万元。
>
> 2015年全年，老板徐总共计缴税费110万元左右，他自己盈利116万。另外，老板从银行贷款1300多万元，一年所支付利息也要100多万元。对此，徐总曾无奈地说，“我和税务局、银行等于把工厂赚的钱三等分，各拿100多万。”

针对税负过重，以及持续加大的经济下行压力问题，国家已经对小型微利企业进行了多轮减税降费。2015年中央经济工作会议就明确提出，要帮助企业降低成本，降低企业税费负担。

国家现行的税种有十几种之多，但并不是每一种税企业都要交，对于一般的企业来说，需要缴纳的税费大概有6~10种，而普通的创业者基本只要缴纳三种：企业所得税、个人所得税、增值税。

1. 增值税

增值税，就是对商品在流通过程中产生的增值额进行征税，就是对买卖间的价格差价进行征税。这样就能够很好地去除重复收税的问题，从而减轻企业的税负。

企业管理者需要注意的是，增值税的纳税人有小规模纳税人和一般纳税人之分，两者之间的起征点不同，税率也不一样，对于大多数公司来说，一般都是从小规模纳税人开始的，一般纳税人的门槛就比较高了。小规模纳税人的税率为3%，一般纳税人的税率最高17%，其中小规模纳税人的进项税不能进行抵扣，而一般纳税人的进项税可以抵扣。

增值税一般纳税人的申请认定一般以表10–3的形式来制定。

表10–3 增值税一般纳税人申请认定表

纳税人名称			纳税人识别码		
法定代表人（负责人、业主）		证件名称及号码		联系电话	
财务负责人		证件名称及号码		联系电话	
办税人员		证件名称及号码		联系电话	
生产经营地址					
核算地址					
纳税人类别	企业、企业性单位□ 非企业性单位□ 个体工商户□ 其他□				
纳税人主业	工业□ 商业□ 其他□				

（续表）

认定前累计应税销售额（连续不超过12个月的经营期）	______年______月至______年______月 共______元

成为一般纳税人有诸多好处，比如在运营公司的时候，合作企业需要另一方开税率为17%的增值税票，如果是一般纳税人就可以满足客户的需求，这样对于拓展公司业务、提升销售业绩有帮助，而且一般纳税人增值税能够进行抵扣，减轻企业的税负。

所以，如果公司的年应税销售额达到了一般纳税人的认定标准，或者企业有健全的会计核算，也可以申请认定为增值税一般纳税人。

2. 企业所得税

企业所得税，就是对企业生产经营所得和其他所得进行征收的税种。

个人独资企业以及合伙人企业以外的其他企业，需要在获利的基础上缴纳企业所得税，起税率一般是25%。因此公司在获得利润之后，要依法缴纳企业所得税，如果在纳税申报所属期内没有产生应税收入，也没有应纳税额的，可以进行零申报。

注意，企业所得税缴纳以后并不是说剩下的钱就可以分给股东了，股东如果从企业分红，还要另外缴纳个人所得税。只有在交了个人所得税之后，剩下的部分才是股东合法拥有的。

3. 个人所得税

个人所得税，就是对本国公民和居住在本国境内的个人所得以及境外个人在本国所得征收的一种所得税。目前中国个人所得税免征额调整至3500元。

一提到个税，大部分人的反应就是自己的工资收入，超过3500元之后的需要缴纳个税，但是个人所得税的范围比这个要更大，工资收入只是其中的一种，企业股东通过分红得到的收入也需要缴纳个人所得税。

对于企业管理者来说，只了解这三个税种是远远不够的。在此只介绍这三种税负，旨在以此为出发点，引导大家去学习、去了解更多的税种，以便为企业税负的合理筹划积累更多知识。

增值税最新优惠政策

税收优惠是为了使国家在一定时期内达到一定的发展目标，在税收方面激励、鼓励，甚至照顾企业在经营中发生的某些问题，减轻企业的税收负担，帮助企业更好地经营和维持的税收行政措施。

税收优惠和企业所在的行业息息相关，主要都是国家扶持的行业。例如促进科技进步，鼓励基础设施建设，鼓励农业发展、环境保护与节能等。以下简要介绍企业“营改增”相关增值税优惠政策。

1. 以下项目免征增值税

（1）托儿所、幼儿园提供的保育和教育服务。

（2）养老机构提供的养老服务。

（3）残疾人福利机构提供的育养服务。

（4）婚姻介绍服务。

（5）殡葬服务。

（6）残疾人员本人为社会提供的服务。

（7）医疗机构提供的医疗服务。

（8）从事学历教育的学校提供的教育服务。

（9）学生勤工俭学提供的服务。

（10）农业机耕、排灌、病虫害防治、植物保护、农牧保险以及相关技术培训业务，家禽、牲畜、水生动物的配种和疾病防治。

（11）纪念馆、博物馆、文化馆、文物保护单位管理机构、美术馆、展览馆、书画院、图书馆在自己的场所提供文化体育服务取得的第一道门票收入。

（12）寺院、宫观、清真寺和教堂举办文化、宗教活动的门票收入。

（13）行政单位之外的其他单位收取的符合《试点实施办法》第十条规定条件的政府性基金和行政事业性收费。

（14）个人转让著作权。

（15）个人销售自建自用住房。

（16）2018 年 12 月 31 日前，公共租赁住房经营管理单位出租公共租赁住房。

（17）台湾航运公司、航空公司从事海峡两岸海上直航、空中直航业务在大陆取得的运输收入。

（18）纳税人提供的直接或者间接国际货物运输代理服务。

（19）符合条件的利息收入。

（20）被撤销金融机构以货物、不动产、无形资产、有价证券、票据等财产清偿债务。

（21）保险公司开办的一年期以上人身保险产品取得的保费收入。

（22）符合条件的金融商品转让收入。

（23）金融同业往来利息收入。

（24）同时符合条件的担保机构从事中小企业信用担保或者再担保业务取得的收入（不含信用评级、咨询、培训等收入）3 年内免征增值税。

（25）国家商品储备管理单位及其直属企业承担商品储备任务，从中央或者地方财政取得的利息补贴收入和价差补贴收入。

（26）纳税人提供技术转让、技术开发和与之相关的技术咨询、技术服务。

（27）符合条件的合同能源管理服务。

（28）2017 年 12 月 31 日前，科普单位的门票收入，以及县级及以上党政部门和科协开展科普活动的门票收入。

（29）政府举办的从事学历教育的高等、中等和初等学校（不含下属单位），举办进修班、培训班取得的全部归该学校所有的收入。

（30）政府举办的职业学校设立的主要为在校学生提供实习场所、并由学校出资自办、由学校负责经营管理、经营收入归学校所有的企业，从事《销售服务、无形资产、不动产注释》中“现代服务”（不含融资租赁服务、广告服务和其他现代服务）、“生活服务”（不含文化体育服务、其他生活服务和桑拿、氧吧）业务活动取得的收入。

（31）家政服务企业由员工制家政服务员提供家政服务取得的收入。

（32）福利彩票、体育彩票的发行收入。

（33）军队空余房产租赁收入。

（34）为了配合国家住房制度改革，企业、行政事业单位按房改成本价、标准价出售住房取得的收入。

（35）将土地使用权转让给农业生产者用于农业生产。

（36）涉及家庭财产分割的个人无偿转让不动产、土地使用权。

（37）土地所有者出让土地使用权和土地使用者将土地使用权归还给土地所有者。

（38）县级以上地方人民政府或自然资源行政管理主管部门出让、转让或收回自然资源使用权（不含土地使用权）。

（39）随军家属就业。

（40）军队转业干部就业。

2. 下列项目实行增值税即征即退

（1）一般纳税人提供管道运输服务，对其增值税实际税负超过3%的部分实行增值税即征即退政策；

（2）经人民银行、银监会或者商务部批准从事融资租赁业务的试点纳税人中的一般纳税人，提供有形动产融资租赁服务和有形动产融资性售后回租服务，对其增值税实际税负超过3%的部分实行增值税即征即退政策。

企业所得税最新优惠政策

企业所得税的优惠政策，涉及到广大企业的切身利益问题，向来为大家所关注。以下就企业所得税的最新优惠政策做简要介绍。

1. 免征与减征优惠

（1）从事农、林、牧、渔业项目的所得。

（2）从事国家重点扶持的公共基础设施项目投资经营的所得。

企业从事国家重点扶持的公共基础设施项目的投资经营的所

得，自项目取得第一笔生产经营收入所属纳税年度起，第一年至第三年免征企业所得税，第四年至第六年减半征收企业所得税。

企业承包经营、承包建设和内部自建自用本条规定的项目，不得享受本条规定的企业所得税优惠。

（3）从事符合条件的环境保护、节能节水项目的所得。

环境保护、节能节水项目的所得，自项目取得第一笔生产经营收入所属纳税年度起，第一年至第三年免征企业所得税，第四年至第六年减半征收企业所得税。

（4）符合条件的技术转让所得。

企业所得税法所称符合条件的技术转让所得免征、减征企业所得税，是指一个纳税年度内，居民企业转让技术所有权所得不超过500万元的部分，免征企业所得税；超过500万元的部分，减半征收企业所得税。

2. 高新技术企业优惠

国家需要重点扶持的高新技术企业减按15%的所得税税率征收企业所得税。

3. 小型微利企业优惠

小型微利企业减按20%的所得税税率征收企业所得税。小型微利企业的条件如下：

（1）工业企业，年度应纳税所得额不超过30万元，从业人数不超过100人，资产总额不超过3000万元。

（2）其他企业，年度应纳税所得额不超过30万元，从业人数不超过80人，资产总额不超过1000万元。

4. 加计扣除优惠

加计扣除优惠包括以下两项内容：

（1）研究开发费。是指企业为开发新技术、新产品、新工艺发生的研究开发费用，未形成无形资产计入当期损益的，在按照规定据实扣除的基础上，按照研究开发费用的50%加计扣除；形成无形资产的，按照无形资产成本的150%摊销。

（2）企业安置残疾人员所支付的工资。是指企业安置残疾人员的，在按照支付给残疾职工工资据实扣除的基础上，按照支付给残疾职工工资的100%加计扣除。

5. 创投企业优惠

创投企业从事国家需要重点扶持和鼓励的创业投资，可以按投资额的一定比例抵扣应纳税所得额。

创投企业，是指创业投资企业采取股权投资方式投资于未上市的中小高新技术企业2年以上的，可以按照其投资额的70%在股权持有满2年的当年抵扣该创业投资企业的应纳税所得额；当年不足抵扣的，可以在以后纳税年度结转抵扣。

例如：甲企业2013年1月1日向乙企业（未上市的中小高新技术企业）投资100万元，股权持有到2014年12月31日。甲企业2014年度可抵扣的应纳税所得额为70万元。

6. 加速折旧优惠

企业的固定资产由于技术进步等原因，确需加速折旧的，可以缩短折旧年限或者采取加速折旧的方法。可采用以上折旧方法的固定资产是指：由于技术进步，产品更新换代较快的固定资产；常年处于强震动、高腐蚀状态的固定资产。

采取缩短折旧年限方法的，最低折旧年限不得低于规定折旧年限的60%；采取加速折旧方法的，可以采取双倍余额递减法或者年数总和法。

7. 减计收入优惠

减计收入优惠，是企业综合利用资源，生产符合国家产业政策规定的产品所取得的收入，可以在计算应纳税所得额时减计收入。

综合利用资源，是指企业以《资源综合利用企业所得税优惠目录》规定的资源作为主要原材料，生产国家非限制和禁止并符合国家和行业相关标准的产品取得的收入，减按90%计入收入总额。

8. 税额抵免优惠

税额抵免，是指企业购置并实际使用《环境保护专用设备企业所得税优惠目录》《节能节水专用设备企业所得税优惠目录》和《安全生产专用设备企业所得税优惠目录》规定的环境保护、节能节水、安全生产等专用设备的，该专用设备的投资额的10%可以从企业当年的应纳税额中抵免；当年不足抵免的，可以在以后5个纳税年度结转抵免。

9. 非居民企业优惠

非居民企业减按10%的所得税税率征收企业所得税。

10. 其他优惠

（1）低税率优惠过渡政策。自2008年1月1日起，原享受低税率优惠政策的企业，在新税法施行后5年内逐步过渡到法定税率。其中：享受企业所得税15%税率的企业，2008年按18%税率执行；2009年按20%税率执行；2010年按22%税率执行；2011年按24%税率执行；2012年按25%税率执行。原执行24%税率的企业，2008年起按25%税率执行。

（2）“两免三减半”“五免五减半”过渡政策。自2008年1月1日起，原享受企业所得税“两免三减半”“五免五减半”等定期减免税优惠的企业，新税法施行后继续按原税收法律、行政法规及相关文件规定的优惠办法及年限享受至期满为止。

但因未获利而尚未享受税收优惠的，其优惠期限从2008年度起计算。

（3）西部大开发税收优惠。根据国务院实施西部大开发有关文件精神，财政部、税务总局和海关总署联合下发的《财政部、国家税务总局、海关总署关于西部大开发税收优惠政策问题的通知》（财税[2001]202号）中规定的西部大开发企业所得税优惠政策继续执行。

巧妙节税的方法

税收不仅是国家财政收入的主要来源，而且是国家实行宏观调控的一个重要经济杠杆。国家以用好税收杠杆，促进经济发展为宗旨，根据经济发展变化情况，适时颁布一系列税收优惠政策，以鼓励某方面的经济发展。

而节税正是纳税人充分利用税收法律、法规所提供的优惠政策，通过对投资决策、经营管理和会计核算方法的合理选择，达到调减企业税负目的，而又有别于避税的一种合法手段。

节税，也叫税务筹划，一般来说，企业节税可从以下几种方法中寻找和摸索。

1. 从收入的方式和时间、计算方法进行选择、控制，以达到节税目的

税法规定：直接收款销售以收到销货款或取得销货款凭据，并将提货单交给买方的当天为收入确认时间；赊销和分期收款销货方式均以合同约定的收款日期为收入确认时间；而订货销售和分期预收货款销售，待交付货物时确认收入实现。这样，通过销售结算方式的选择，控制收入确认的时间，可以合理归属所得年度，以达到减税或延缓纳税的目的。

某集团企业2012年和2013年预计会计利润分别为100万元和100万元，企业所得税率为25%，该企业为提高其产品知名度及竞争力，树立良好的社会形象，决定向贫困地区捐赠20万元。现提出三套方案：

第一套方案是2008年底直接捐给某贫困地区。第二套方案是2008年底通过省级民政部门捐赠给贫困地区。第三套方案是2012年底通过省级民政部门捐赠10万元，2013年初通过省级民政部门捐赠10万元。

从纳税筹划角度来分析，其区别如下：

方案1：该企业2012年直接向贫困地区捐赠20万元不得在税前扣除，当年应纳企业所得税为25万元（100×25%）。

方案2：该企业2012年通过省级民政部门向贫困地区捐赠20万元，只能在税前扣除12万元（100×12%），超过12万元的部分不得在税前扣除，当年应纳企业所得税为22万元〔(100−100×12%） ×25%〕。

方案3：该企业分两年进行捐赠，由于2012年和2013年

的会计利润均为100万元，因此每年捐赠的10万元均没有超过扣除限额12万元，均可在税前扣除。2012年和2013年应纳企业所得税均为22.5万元〔(100−10)×25%〕。

2. 根据税法对成本、费用的确认和计算的不同规定，选择有利的交税方式

例如，存货计价方法不同，企业存货营业成本就不同，从而影响应税利润，少缴企业所得税。因此，存货计价是纳税人调整应税利润的有力工具，选择最有利的存货计价方法能达到节税目的。

3. 通过成本、费用的分摊与列支达到一个最佳成本值，以实现最大限度地抵消利润少缴税

例如，费用列支法。已发生的费用应及时核销入账。如已发生的坏账、呆账应及时列入费用，存货的盘亏及毁损应及时查明原因，属于正常损耗部分及时列入费用。

一家企业某年的年度销售收入为1200万元，企业当年业务宣传费的账面列支数额为6万元。年终汇算清缴时，经税务部门审核，该企业销售费用中有一笔3万元的“展览费”没有列入业务宣传费，其实际业务宣传费应为6万+3万=9万元，超出企业按销售收入5‰的比例可以列支6万元业务宣传费的标准，超限额标准的3万元业务宣传费应调增应纳税所得额。

企业申辩说这笔展览费确实是参加博览会展销的费用，应属于销售费用。但由于其未按规定取得展览的合同书、邀请函等凭证，仅有一张发票，摘要是“展览费”，为此，税务人员仍然认定这项费用属于“业务宣传费”，其理由是企业没有证据说明该项费用不是产品宣传费。

为此，企业只好调增了应纳税所得额 3 万元，多缴纳了 3 万 ×33%=9900 元的所得税。

如果企业能够正确区分这两项费用，依法取得所需的合理、合法的证明材料，单独列支，那么企业就可以节约这笔不该缴的税款。

4. 通过盈亏弥补来节税

盈亏弥补是准许企业在一定时期以某一年度的亏损去抵以后年度的盈余，以减少以后年度的应纳税额。这种优惠形式对扶持新办企业的发展有重要作用，对具有风险的投资有相当大的激励作用。但这种办法的应用，需以企业有亏损发生为前提，否则就不具有鼓励的效果，而且就其应用范围而言，只能适用于企业所得税。

我国税法规定：企业发生的年度亏损，可以用下一年度的税前利润弥补；弥补不足的，可以在 5 年内用所得税税前利润延续弥补；仍不够弥补的亏损，应该用 5 年后的税后利润弥补。

盈亏抵补筹划主要有以下几点：

（1）提前确认收入。企业在有前 5 年亏损可供抵补的年度，可以提前确认收入。

（2）延后列支费用。如呆账、坏账不计提坏账准备，采用直接核销法处理，将可列为当期费用的项目予以资本化，或将某些可控费用，如广告费等延后支付。

（3）收购、兼并亏损企业。税法规定：企业以新设合并、吸收合并或兼并方式合并，被吸收或兼并企业已不具备独立纳税人资格的，各企业合并或兼并前尚未弥补的经营亏损，可在税法规定的弥补期限的剩余期间内，由合并或兼并后的企业逐年弥补。

|第十一章|

F I N A N C E

细节管理 把风险扼杀在“摇篮”里

古人说：“天下难事必作于易，天下大事必作于细。”意即大事要从小事做起，难事要从易事做起。古人还说：“千里之堤，溃于蚁穴。”

这两句话能给企业管理者以这样的启发：现在的市场竞争已经到了细节制胜的时代，不论是企业的内部管理，还是外部的市场营销、客户服务，细节问题都可能关系到企业的兴衰成败。

财务管理制度能防范风险

伴随着我国经济的迅速发展，财务管理工作在企业发展中的地位和作用也越来越重要。企业只有不断完善财务管理体系，通过财务管理的强化、优化，来增强企业综合素质，防范财务风险，才能使企业获得持续性核心竞争力，实现长远发展。

美国安然公司成立于1985年，以电力、天然气产品起家，后来又扩展到能源零售交易业务，并涉足高科技宽频产业，运营范围遍及全球40多个国家，员工超过2.1万。

安然公司曾是世界上最大的天然气交易商和最大的电力交易商，在其最辉煌的年代，掌控着美国20%的电能、天然气交易。安然不仅是天然气、电力行业的巨擘，而且还是涉足电信、投资、纸业、木材和保险业的大户。

2000年，安然年收入高达1010亿美元，股价在2000年8月触及顶点90.56美元，公司的市场价值曾超过800亿美元，市盈率超过70倍，连续4年戴上《财富》杂志授予的“美国最具创新精神的公司”桂冠，2000年《财富》世界500强排名第7位，曾被哈佛商学院认为是旧经济向新经济成功转变的典范。

2001年3月5日，《财富》杂志发表了一篇题为《安然股价是否高估？》的文章，首次指出安然财务有“黑箱”，质疑安然财务报表的真实性。10 月 16 日，安然公布第三季度业绩时突然宣布，该公司第三季度亏损 6.38 亿美元，其净资产因受到外部合伙关系影响而减少 12 亿美元。六天后，美国证券交易委员会开始对安然展开调查。11 月 8 日，安然宣布，在 1997 年到 2000 年间，由关联交易共虚报了 5.52 亿美元的利润。

安然公司财务亏损曝光后，遭到了媒体的猛烈抨击，其股票遭到投资者的抛售。2001 年 11 月 30 日，安然股价跌至 0.26 美元，市值由峰值时的 800 亿美元跌至 2 亿美元。2001 年 12 月 2 日，安然公司正式向破产法院申请破产保护，破产清单所列资产达 498 亿美元，成为当时美国历史上最大的破产企业。

安然为何突然破产？贪婪欺诈的经营行为“鼓励大家藐视各种规章制度”，无法验证的财务报表“揭开皇帝的新衣”——谁也无法解释收入从何而来。安达信（安然公司的独立审计师）的双重身份“一只手作账，另一只手证明这只手作的账”，“利益冲突”把安然送进了坟墓。

那么，企业该如何完善和加强财务管理制度呢？

企业财务管理体系的完善，应着重从加强企业财务内部控制系统、财务指标分析系统、绩效评估系统、财务风险预警系统方面进行。具体如图 11–1 所示。

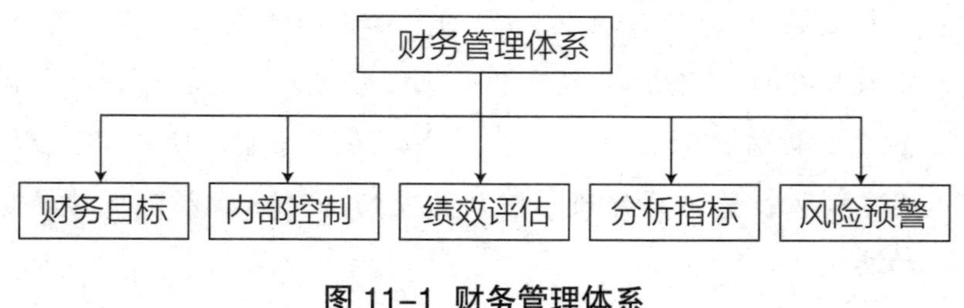

图 11–1 财务管理体系

1. 设定合理的财务目标

企业从事财务活动的最终目标是实现所有者财富最大化。力求人力、物力、财力得到最大化利用，实现资本金的盈利。确保资产保值增值。

2. 建立健全有效的内部控制系统

内部控制是一个不断发现问题解决问题的过程，属于“动态过程”。所以内控制度必须适应企业的经营理念，紧跟业务创新，达到促进企业贯彻经营方针以及提高经营效率的目标。

3. 建立科学有效的绩效评估系统

根据项目的生命周期（引入期，成长期，成熟期，衰退期）设立可行的绩效评价指标，用客观的数字信息和可计量指标，对工作进展情况进行评估工作，将各项投入与绩效结合起来进行考评，反映投入产出效率，反映经营企业的发展潜力。

4. 完善财务分析指标体系

建立完善的财务分析体系，可以确定企业的资信状况、财务风险的大小，衡量企业的经营是否稳健，从而促进企业提高经济效益。

在完善财务分析体系的基础上，强化财务信息报告制度，制定定期和不定期的财务报告制度和重大财务决策事前和事后报告制度，为领导者的经营决策提供可靠信息。

5. 搭建有效的财务风险预警系统，防范财务风险

（1）树立风险意识，提高决策的科学性。财务风险是指一个潜在事项的发生对财务目标实现产生影响，从而影响财务收益与

预期收益发生偏离，并因此造成损失的可能。全球金融风暴中不乏企业破产清算的实例，因此，企业都应着力加强财务管理，作为防范风险的主阵地。

（2）建立财务风险预警系统，提高财务风险预警效能。财务风险预警系统就是在现有财务管理和会计核算的基础上设立一些科学化的敏感性指标，通过观察企业相关财务数据随设立的指标的变化，并对这些指标进行分析，可以及时发现一些暂时还没有显现出来的问题，这样可以切实提高企业的财务风险预警效能。

总之，只有完善了多层次的企业财务管理体系，才能使各项财务控制措施在制度上、程序上有保证，使企业在激烈的市场竞争中规避风险，立于不败之地。

原始凭证不能马虎对待

原始凭证又称单据，是在经济业务发生或完成时取得或填制的，用以记录或证明经济业务的发生或完成情况。

原始凭证不仅能用来记录经济业务的发生或完成情况，还可以明确经济责任，是进行会计核算工作的原始资料和重要依据。

例如，王某报销差旅费，报销单后面的粘贴单附有 2 元的市内公共汽车票 20 张，5 元的公共汽车票 12 张，285 元的火车票 1 张，869 元的飞机票 1 张，就应分别在汽车票一类下面空白处注明 $2 \times 20 = 40$ 元，$5 \times 12 = 60$ 元，在火车票一类下面空白处注明 $285 \times 1 = 285$ 元，在飞机票一类下面空白处注明 $869 \times 1 = 869$ 元。这样，万一将来原始凭证不慎失落，也很容易查明丢的是哪一种票面的原始凭证，而且也为计算附件张数提供了方便。

原始凭证是会计资料中最具有法律效力的一种文件。具体来说，它有以下三种作用。

1. 监督、控制经济活动

通过会计凭证的审核，可以检查经济业务的发生是否符合有关的法律、制度规定，是否符合业务经营、账务收支的方针和计划及预算的规定，以确保经济业务的合理、合法和有效性。

2. 提供记账依据

会计凭证是记账的依据，通过会计凭证的填制审核，按照一定方法对会计凭证的及时传递，对经济业务进行适时记录。

3. 加强经济责任制

经济业务发生后，需取得或填制适当的会计凭证，证明经济业务已经发生或完成；同时要由有关的经办人员，在凭证上签字、盖章、明确业务责任人。通过会计凭证的填制和审核，使有关责任人在其职权范围内各负其责，并利用凭证填制、审核的手续制度进一步完善经济责任制。

原始凭证的编制可以参考表 11–1 所示。

表 11–1 A 公司发料凭证汇总表

2016 年 2 月　　　　单位：元

项目	甲材料	乙材料	合计
生产 A 产品耗用	70 000	30 000	100 000
生产 B 产品耗用	50 000	70 000	120 000
小计	120 000	100 000	220 000
生产车间管理耗用		6 000	6 000
厂部管理耗用		8 000	8 000
合计	120 000	114 000	234 000

会计主管签字：　　记账：　　审核：　　填制：

2015 年，山东青岛有一家年产值稳定在 2000 万元以上的汽车配件公司，该公司主要生产销售挂车支撑桥及其配件，经营发展比较好。后来，税务人员在对该企业增值税缴纳情况例行检查时发现，该公司2007年至2011年8月的增值税税负率为0.88%，明显低于本市同行业增值税平均税负率。

众所周知，税负率是衡量企业在一定时期内实际税收负担大小的主要指标。在名义税率和税收政策一定的情况下，实际税负率过低，则有可能存在逃税问题，这引起了税务人员的注意。

通过进一步判断和分析，税务人员怀疑该公司有逃税行为的重大嫌疑。于是成立了检查组，决定对该公司2007年至2011年的纳税情况进行全面核查。

税务人员来到该公司，要求公司提供近年来的账簿进行检查。但公司负责人称会计正在出差，暂时无法提供。第二天，当税务人员再次来到该公司时，企业已将2010年和2011年两个年度的账簿、凭证准备齐全,但没有2007年至2009年的账簿。税务人员要求提供,公司负责人却含糊其辞,先是说找不到了,之后又说被盗了，明显是在搪塞躲避。

账簿遗失，企业除限期改正外，最多罚款1万元。而如果是逃税，性质就不一样了，这直接构成了犯罪，国家税收的损失也可能远远不止1万元这一点损失。

涉税记录没有账簿可查，税务人员没有放弃，他们根据该公司2010年至2011年的账簿资料，结合税务数据系统相关企业的申报信息，对该公司上下游业务企业的往来进行详细调查，果然有不小的收获。

在调查了该公司2007年至2009年向上游业务企业的进货情况后，国家税务人员对这3年间的年销售情况逐年落实，查证是否存在未申报收入的问题。与此同时，税务人员深入该公司车间现场勘察，获取了企业生产工艺、业务流程、销售方式及厂房权属等重要涉税信息。终于，经过一周的反复调查取证，检查人员基本掌握了该公司 2007 年至 2009 年生产销售的主要数据，准备对其未提供账簿资料的 2007 年至 2009 年度应纳税额依法进行核定征收。

随后，税务部门对该企业下达了《责令限期改正通知书》，责成企业提供账簿丢失自述材料。同时，依据税收征管法的相关规定，对企业采取税收保全措施：一面冻结其银行账户、存款；一面向其下游企业发出《协助执行通知书》，责成下游企业将应支付的业务款项统一划拨至被冻结账户，以备执行。

在税务部门有理有据的严格执法下，该公司法定代表人最终交出了 2007 年至 2009 年 3 个年度的账簿和凭证。青岛税务部门依法责令该公司补缴了税款等合计 200 余万元，为国家税收挽回了损失。

近年来，总是有很多企业编造各种理由，故意将账簿凭证转移、隐藏，以逃避税务。产生这种现象的原因之一，是企业领导者对财务原始凭证的重要性认识不足。

须知，企业原始凭证，是对企业经济业务的最真实证明，是经济业务发生的第一手资料，具有较强的法律效力。任何想在原始凭证上动心思的行为，都将受到法律的严惩。

做好对账和结账工作

对账，是为了保证账簿记账和会计报表的数字真实可靠，每月将各账簿的账户记录进行核对，以保证账账相符、账证相符、账表相符。我们通常所称的对账包括账证核对、账账核对和账实核对三种方法。

1. 账证核对

账簿是根据经过审核之后的会计凭证登记的，但实际工作中仍然可能发生账证不符的情况。因此，记完账后，要将账簿记录与会计凭证进行核对，核对账簿记录与原始凭证、记账凭证的时间、凭证字号、内容、金额等是否一致，记账方向是否相符，做到账证相符。

2. 账账核对

各个会计账簿是一个有机的整体，既有分工，又有衔接，总的目的就是为了全面、系统、综合地反映企事业单位的经济活动与财务收支情况。各种账簿之间的这种衔接依存关系就是常说的钩稽关系。利用这种关系，可以通过账簿的相互核对发现记账工作是否有误。一旦发现错误，就应立即更正，做到账账相符。

出纳现金对账表一般以表 11–2 的形式来编制。

表 11–2　出纳现金对账表

摘要	收入总金额（元）	附单数	备注
上期余额			
收入	销售收入		
	其他收入		
	收入总计		

（续表）

<table>
<tr><th>摘要</th><th>收入总金额（元）</th><th>附单数</th><th>备注</th></tr>
<tr><td rowspan="4">支出</td><td>销售退款</td><td></td><td></td></tr>
<tr><td>费用支出</td><td></td><td></td></tr>
<tr><td>其他支出</td><td></td><td></td></tr>
<tr><td>支出合计</td><td></td><td></td></tr>
<tr><td colspan="2">本期余额</td><td></td><td></td></tr>
</table>

会计：　　　　　　　　　　　　　　出纳：

账簿之间的核对包括以下内容：

（1）核对总分类账簿的记录。按照“资产＝负债＋所有者权益”这一会计等式和“有借必有贷、借贷必相等”的记账规律，可以检查总账记录是否正确、完整。

（2）总分类账簿与所属明细分类账簿核对。总分类账各账户的期末余额应与其所属的各明细分类账的期末余额之和核对相符。

（3）总分类账簿与序时账簿核对。企业必须设置现金日记账和银行存款日记账。现金日记账必须每天与库存现金核对相符，银行存款日记账也必须定期与银行对账。

（4）明细分类账簿之间的核对。例如，会计部门有关实物资产的明细账与财产物资保管部门或使用部门的明细账定期核对，以检查其余额是否相符。核对的方法一般是由财产物资保管部门或使用部门定期编制收发结存汇总表报会计部门核对。

3. 账实核对

账实核对是指各项财产物资、债权债务等账面余额与实有数额之间的核对。账实核对的内容主要有：

（1）现金日记账账面余额与库存现金数额是否相符；

（2）银行存款日记账账面余额与银行对账单的余额是否相符；

（3）各项财产物资明细账账面余额与财产物资的实有数额是否相符；

（4）有关债权债务明细账账面余额与对方单位的账面记录是否相符。

对账工作做到位后，就要紧跟下一步：结账。

结账是一项将账簿记录定期结算清楚的账务工作。在一定时期结束时（如月末、季末或年末），为了编制会计报表，需要进行结账。结账方法主要有以下几种：

（1）对不需按月结计本期发生额的账户，如各项应收应付款明细账和各项财产物资明细账等，每次记账以后，都要随时结出余额，每月最后一笔余额即为月末余额。也就是说，月末余额就是本月最后一笔经济业务记录的同一行内余额。月末结账时，只需要在最后一笔经济业务事项记录之下通栏划单红线，不需要再结计一次余额。

应收账款表的编制可参考表 11–3 的形式进行。

表 11–3　应收账款表

单位：元

××年		凭证号		摘要	借方	贷方	借或贷	余额
月	日	字	号					
1	1			年初余额			借	30 000
12	31			本月合计	26 000	12 000	借	40 000
	31			本季累计	98 000	86 000	借	40 000
	31			本年累计	225 000	198 000	借	40 000
				结转下年				

（2）库存现金、银行存款日记账和需要按月结计发生额的收入、费用等明细账，每月结账时，要在最后一笔经济业务记录下面通栏划单红线，结出本月发生额和余额，在摘要栏内注明“本月合计”字样，并在下面通栏划单红线。

（3）需要结计本年累计发生额的某些明细账户，每月结账时，应在“本月合计”行下结出自年初起至本月末止的累计发生额，登记在月份发生额下面，在摘要栏内注明“本年累计”字样，并在下面通栏划单红线。12月末的“本年累计”就是全年累计发生额，全年累计发生额下通栏划双红线。

（4）总账账户平时只需结出月末余额。年终结账时，为了总括地反映全年各项资金运动情况的全貌，核对账目，要将所有总账账户结出全年发生额和年末余额，在摘要栏内注明“本年合计”字样，并在合计数下通栏划双红线。

年度终了结账时，有余额的账户，要将其余额结转下年，并在摘要栏注明“结转下年”字样；在下一会计年度新建有关会计账户的第一行余额栏内填写上年结转的余额，并在摘要栏注明“上年结转”字样。即将有余额的账户的余额直接记入新账余额栏内，不需要编制记账凭证，也不必将余额再记入本年账户的借方或贷方，使本年有余额的账户的余额变为零。因为既然年末是有余额的账户，其余额应当如实地在账户中加以反映，否则容易混淆有余额的账户和没有余额的账户。

常被忽视的费用报销细节

通常，会计的日常工作中，费用报销事务几乎占了工作的一大半，但因为其操作难度相对较小，导致许多会计人员在重复的费用报销工作中麻痹大意，最终影响其工作质量。

以下解读几个常被忽视的费用报销细节技巧，弄清楚这些，不仅可以帮助财务人员搞定费用报销工作中的许多问题，而且也能学到很多财务管理方法。

1. 重点关注费用报销的涉税风险

费用报销时应重点关注发票合规性、费用归集、签字手续、预算等事项。其中，潜在的税务风险点包括：

（1）发票审核不严，导致假票、废票入账，少交所得税；

（2）将薪酬类支出当作费用处理，如出差补贴，少交个税；

（3）将不能全额在税前扣除的费用计入其他科目，如将旅游费计入差旅费，少交所得税；

（4）将赠送行为当作费用报销，如购礼品用于客户维护，少交增值税、个税、所得税。

为了降低涉税风险，费用报销需做到“四统一”，即会计分录、凭证摘要、审批单据、发票应保持一致。这样做一方面是为了让会计做账规范，另一方面是为了规避税务风险。许多企业的费用报销瑕疵多多，有替票现象，也有套现现象，还有替薪现象，这给财务留下诸多隐患。不管怎样，会计人员应秉持一点：费用报销，以发票记录为准，只认发票上的列示。

2. 审批签字的规范工作

如果员工要进行费用报销，都需要哪些人签字呢？中等规模的企业签字流程一般为部门经理、财务部、财务总监、主管副总。如果公司没有下发费用预算，一般还需总经理签字。部门经理签字作用是证明业务属实，财务部签字目的是审核发票与金额、核定预算，财务总监签字是为了知晓资金流向，副总或总经理签字是审批同意资金支出。

费用报销单的形式如表 11–4 所示。

表 11–4 费用报销单

报销单号	BX—0803001	费用类别	差旅费
报销人	小郑	申请日期	2008 年 3 月 28 日
事由	×× 省高速公路投标		
报销金额	2600	大写	贰仟陆佰元整
部门审批意见		部门领导签字	
财务审批意见		财务经理签字	
出纳签字		付款日期	

3. 发票的学问有很多

千万不要相信市面上兜售的保真发票。小广告以只要税点绝对保真为噱头，极易骗得企业上当。上当的内因当然是购票者的私念，或想规避个税，或想套取公司资金。外因则是“发票商”抛出了可验收后收费的诱饵。这时要多个心眼了，查验发票还真可能是真的。伎俩在后面，当你付清税点后，开票方会申请将这张发票作废。

另外，审核发票时要特别留意发票的盖章，注意有没有以下常见的错误：

（1）以盖财务专用章代替盖发票专用章；

（2）同时盖财务专用章和发票专用章；

（3）发票抬头错了，修改抬头后，在修改处盖发票专用章；

（4）盖的发票专用章看不清晰；

（5）发现发票专用章不清晰后，重新盖一次；

（6）盖旧版的发票专用章，或同时盖新版、旧版发票专用章。

有这些问题的发票都是废票。

4. 管好高管的费用报销

企业高管的职务消费的漏洞，主要出在招待费、会议费、培训费、差旅费、办公用品费等这些科目上。如何监控好这些职务消费的重灾区呢？企业可以对高管消费进行公示，让全体员工来监督。群众的眼睛是雪亮的，而且，也没有哪个高管想让自己的职务消费“雄踞”榜首。此外，也要注意防范高管借助下属等名义来报销不合理的费用。

高管费用报销的审批手续，也要慎重对待，不能掉以轻心。通常情况下，高管报销费用只需财务总监和总经理审批，只要面子上过得去，财务总监和总经理都会直接签字，不会为难高管。如此一来，高管的职务消费监控就形同虚设了。

怎样改善这种监管不力的局面呢？方法有很多。例如，华为的内审可以监督任正非的费用报销。任总一次去日本出差，报销差旅费时，把住酒店时的洗衣费也计算在内了。华为的差旅费报销制度中是不允许员工报销此类费用的。当内审发现这笔不当报销后，将之写到了审计意见中。任总为此做了自我批评。做法或许过于较真，意义却是值得思考的。

5. 财务应把工作做在前面

每当业务人员拿着一摞发票到财务部，总会被会计人员摘出不合规的报销内容，这时业务人员就会抱怨了。要打破这种隔阂，除了制度先行，财务人员还应主动走出去，用培训的方式把自己的要求告诉业务人员。

可以说，费用报销工作如同一面镜子，可以照见公司管理的方方面面。例如，签字流程与权签额度体现了公司的内控水平；发票审核与费用归属可折射税控风险意识；有无公款私用、贪污浪费等现象可以甄别高管的廉政程度；费用动向则能透视公司运作效能，等等。

所以，费用报销工作虽小，但影响不小。不抓不管不控，很快就会给企业带来危险，带来危机。这不得不引起财务人员，尤其是企业领导者的重视。

会计账簿的保管要点

会计账簿是以会计凭证为依据，全面、连续、系统、综合地记录和反映企业经济活动全部过程的簿籍。设置和登记账簿是会计工作的重要环节，也是会计信息处理的一个重要方法。

1. 会计账簿的作用

（1）账簿是系统地归纳和积累会计核算资料的工具。通过登记账簿，可以把会计凭证所提供的资料归类汇总，形成集中、系统、全面的会计核算资料。

这样，就可以通过账簿资料了解资金总体情况和各个方面的变动情况，以便对各项资源的保管和使用情况进行监督。

同时，由于账簿集中、系统地归纳和积累了会计核算资料，因而账簿也就成为企业单位重要的经济档案。用会计账簿储存经济信息，更便于经济信息的保管，也方便日后的考查和运用。

（2）账簿是反映、监督经济活动，考核各部门经济责任的重要手段。账簿比会计凭证更集中，便于核算监督。比如，按部门设置费用账户，可以考核各部门成本费用的节约或超支情况，促使其节省开支。

（3）账簿是核算单位财务和经营成果以及编制会计报表的依

据。账簿记录的各项数据资料是分析经济活动过程及其结果的重要资料来源。同时，账簿资料又是编制会计报表的直接依据，会计报表是否正确、及时，与会计账簿有着密切的关系。此外，正确设置账簿有利于会计人员的分工和内部牵制。

2. 会计账簿的保管要点

（1）会计账簿的更换。账簿更换是在会计年度末，将本年度旧账更换为下年度新账。

更换新账的方法是：在年终结账时，将需要更换账的各账户的年末余额直接过入新启用的有关账户中去，不需要编制记账凭证，也不必将余额再记入本年账户的借方或贷方，使本年有余额的账户的余额变为零。因为既然年末是有余额的账户，其余额应当如实地在账户中加以反映，否则容易混淆有余额的账户和没有余额的账户。

更换新账时，要注明各账户的年份，然后在第一行日期栏内写明，“一月”，“一日”，在摘要栏注明“上年结转”，把账户余额写入“余额”栏内，在此基础上登记新年度的会计事项。

（2）旧账归档移交前要做的工作。账簿在更换新账后除跨年使用的账簿外，其他账簿应按时整理归入会计档案保管。归档前应做好以下几项工作：

①账簿装订前的工作。首先按账簿启用表的使用页数核对账户是否相符，账页是否齐全，序号排列是否连续；然后，按会计账簿封面、账簿启用表、账户目录和排序整理好的账页顺序装订。

②活页账簿装订要求。将账页填写齐全，去除空白页和账夹，并加具封底封面；多栏式活页账、三栏式活页账、数量金额式活页账等不得混装，应按同类业务、同类账页装订在一起；在装订账页的封面上填写好账簿的种类，编好卷号，由会计主管人员、

装订人或经办人签章。

③账簿装订后的其他要求。会计账簿应牢固、平整，不得有折角、缺角、错页、掉页、加空白纸的现象；会计账簿的封口要严密，封口处要加盖印章；封面应齐全、平整，并注明所属年度及账簿名称、编号，编号要一年一编，编号顺序是总账、现金日记账、银行存款日记账、分类明细账；旧账装订完毕后，按规定要求进行保管。

（3）会计账簿的保管期限。总账（包括日记总账）：15 年；明细账：15 年；日记账：15 年（其中，现金及银行存款日记账 25 年）；固定资产卡片在固定资产报废清理后：5 年；辅助账簿（备查簿）：15 年。

（4）需要调用旧账时，应当办理的手续。各企业单位保存的会计账簿归档后不得借出，如有特殊需要经本单位负责人批准，可以提供查阅或者复制，并办理登记手续，查阅或者复制会计档案的人员，严禁在会计档案上涂画、拆封和抽换。各企业应建立健全会计档案查阅、复制登记制度。

（5）账簿的销毁。账簿保管期满，可以按照下列程序销毁：

①由本企业档案机构会同会计机构提出销毁意见，编制账簿档案销毁清册，列明销毁档案的名称、卷号、册数、起止年度和档案编号，应保管期限，已保管期限，销毁时间等内容。

②企业负责人在会计账簿销毁清册上签署意见。

③销毁会计账簿时，应当由档案机构和会计机构共同派员监销。国家机关销毁会计账簿时，应当由同级财政部门、审计部门派员参加监销。财政部门销毁会计账簿时应当由同级审计部门派员参加监销。

④监销人员在销毁会计账簿前应当按照会计账簿销毁清册所列内容清点核对所销毁的会计账簿；销毁后，应当在会计账簿销毁册上签名盖章，并将监销情况报告本企业负责人。